JEHAN D'ARCHELET

AU PAYS DE JACQUES CŒUR

BOURGES

Son Histoire, ses Monuments
Ses Écrivains, ses Artistes

BOURGES
IMPRIMERIE J. FOUCRIER
3, Place Berry, 3

1909

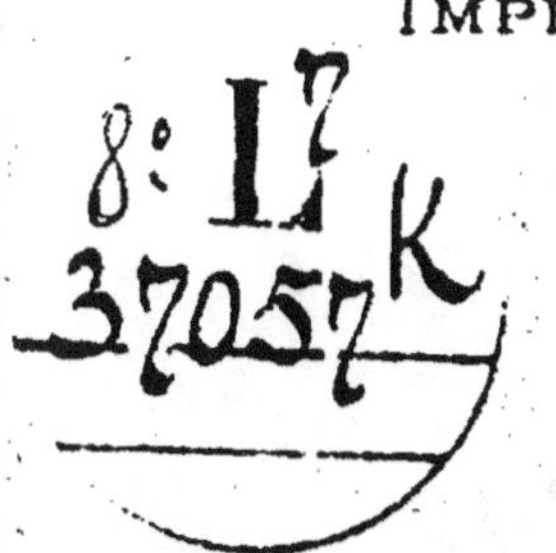

JEHAN D'ARCHELET

AU PAYS
DE JACQUES CŒUR

BOURGES

Son Histoire, ses Monuments
Ses Écrivains, ses Artistes

BOURGES
IMPRIMERIE J. FOUCRIER
3, Place Berry, 3

1909

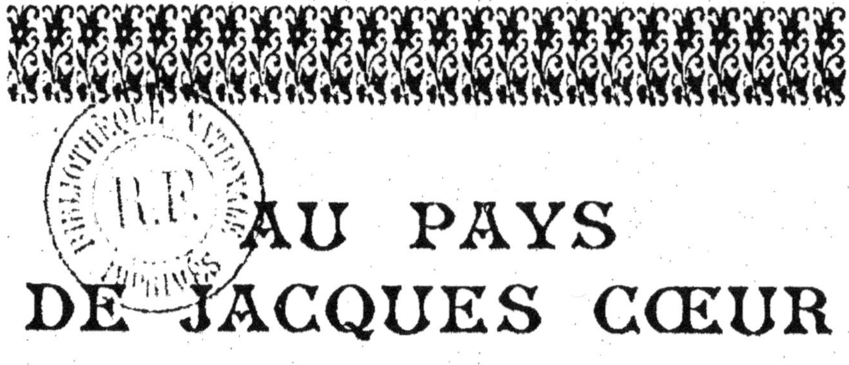

AU PAYS
DE JACQUES CŒUR

I

Avant-Propos

Le voyage est devenu aujourd'hui plus qu'une habitude, c'est une nécessité de la vie moderne et, sur tous les points du monde, les grandes cités, s'inspirant de cette idée, convient annuellement les étrangers à des fêtes, à des exhibitions, à des expositions.

D'autres villes ont recours à la réclame, aux placards artistiques ; Bourges n'a pas besoin de faire appel à ces moyens. Ses vieux monuments, son long passé d'histoire, ses souvenirs sont des aimants assez puissants. D'ailleurs, quelles peintures, quelles gravures reproduiraient fidèlement les beautés de sa merveilleuse cathédrale ; sur quelle palette trouver les tons chatoyants de cette pierre presque vivante, qui s'anime aux moindres rayons du soleil et se modifie suivant les caprices de l'heure ou des saisons ! Dominant l'horizon, sa silhouette s'y profile vigoureusement et le visiteur perdu dans cet immense vaisseau, est tour à tour frappé de sa petitesse et de la majesté de l'œuvre.

En faut-il plus pour attirer les gens de goût et charmer les artistes ? Mais à côté de cette merveille unique, de ce poème de pierre que nos ancêtres nous ont légué, nous possédons quelques bijoux : le Palais de l'argentier Jacques Cœur, la demeure des frères Lallemant, la maison de Cujas, ces étapes successives parcourues par l'architecture civile du Moyen-âge à la Renaissance.

Il faut donc visiter Bourges ; et en souhaitant la bien-venue aux étrangers, nous leur offrons ici, réunis sous un petit volume, tous les renseignements qu'ils peuvent désirer.

Telle est la raison d'être de ces quelques lignes.

Puissions-nous rendre quelques services à nos hôtes de passage en limitant leurs recherches et en dirigeant leurs courses, voilà notre seule ambition.

Mais en visitant Bourges, le touriste ne devra pas oublier que le département du Cher mérite lui aussi d'être parcouru.

Cyclistes et automobilistes, vous y trouverez des routes larges et très roulantes.

Souhaitez-vous des sites pittoresques : Sancerre est à nos portes ; — préférez-vous les bois, les forêts : égarez-vous dans les forêts d'Allogny ou de Vierzon ; — aimez-vous les rivières : le Cher et ses carpes renommées vous tenteront.

Enfin, s'il vous plaît de revivre le passé et de faire une ample moisson de souvenirs, à chaque pas vous serez arrêtés. Visitez Aubigny, la Celle-Bruère, Drevant et ses ruines, Châteaumeillant, Meillant et son merveilleux château, Mehun-sur-Yèvre où Charles VII fut couronné roi ; et pourtant, nous citons au hasard seulement quelques-uns de nos joyaux.

N'hésitez pas un seul instant, bouclez votre valise, délaissez quelques jours vos affaires et venez parmi nous.

Vous recueillerez dans notre vieille cité des impressions durables et très particulières, et quand sonnera l'heure du départ, vous formerez déjà le projet de nous rendre une nouvelle visite.

II

Bourges : Deux mots d'histoire

Le premier fait historique certain qu'enregistrent nos fastes provinciales est le siège et la prise d'Avarich'

(Avaricum) par les légions romaines de César, en 52 avant notre ère.

Jusqu'au ve siècle, Bourges est maintenue sous la domination romaine et, après la bataille de Vouillé, cette cité se soumet à Clovis et est réunie à la couronne par Clotaire II.

Notre ville est assiégée, pillée, détruite en partie, successivement, par les Poitevins, les Tourangeaux, les Angevins, puis par Pépin le Bref et enfin par les Normands.

Sous la monarchie capétienne, Bourges remplit un rôle assez important et maints seigneurs des environs (Dun, Mehun-sur-Yèvre, les Aix, Menetou, Argent, Aubigny, etc...) se rangent sous l'autorité du vicomte de Bourges.

Le dernier de ces vicomtes fut Eudes Arpin ; en 1100, il vendait sa vicomté au roi Philippe Ier et, levant des troupes, il se rendait en Palestine pour combattre les musulmans. Fait prisonnier, il est emmené en captivité à Bagdad ; il recouvre enfin la liberté grâce à l'intervention de l'empereur Alexis Comnène et se retire à l'abbaye de Cluny ; — ce preux mourait en 1130, comme prieur du monastère de la Charité-sur-Loire.

Philippe Ier prit possession de Bourges en 1102 et, dès cette époque, la ville est rattachée au domaine royal.

Louis VII y est couronné le jour de Noël de l'année 1137 et, huit ans plus tard, jour pour jour, l'évêque de Langres y prêchait la deuxième croisade.

Philippe-Auguste, à peine monté sur le trône, a des difficultés avec l'Angleterre et, à deux reprises différentes, il réunit dans nos murs ses gens d'armes. — Enfin, il a raison de son adversaire et, en 1200, il obtint de Jean sans Terre cette trêve de deux ans qui va rendre à Bourges un peu de tranquillité.

Sous le règne de Louis VIII, les Pastoureaux reçoivent asile dans notre cité, mais les habitants, outré des exactions de ces aventuriers, tuent leur chef Job. — Ces bandes sans cohésion se dispersent aussitôt.

Nous voici en 1351. L'armée du Prince Noir marche sur Bourges et brûle ses faubourgs. Les troupes enne-

mies sont finalement battues et repoussées, au lieu dit
« La Croix Moult-Joie ».

Le traité de Brétigny rendit la liberté au roi Jean
le Bon ; ses forteresses du Berry lui furent restituées
mais à quelles dures conditions : chacune des dix-
huit villes principales du Royaume devait livrer en
otage à Londres, deux membres de la bourgeoisie :
Bourges s'exécuta et nous conservons les noms de
Jean le Roy et Jean Pelourde ; Regnault Fournier et
Pierre de Châteauneuf remplacèrent leurs concitoyens
en 1363 et en 1366.

Charles V succédait à Jean le Bon en 1364. Son frère,
Jean de Berry, obtint la création par lettres patentes
d'une haute cour de justice qui s'appela « Les Grands
Jours de Bourges ». Il compléta ensuite son administration par l'institution d'un bureau des finances, sorte
de Cour des Comptes très rudimentaire.

Bourges était à cette époque une des villes les plus
florissantes du Royaume ; amateur délicat et éclec-
tique, le duc Jean appelle à lui une pléïade d'artistes
éminents et ordonne la construction de cette merveille que fut la « Sainte Chapelle. Il édifie aussi, à peu
de distance de ce sanctuaire, un Palais dont les restes
subsistent et qui prit nom « Le Logis du Roy ».

Bourges subit le contre-coup des querelles entre
Armagnacs et Bourguignons sous Charles VI. Le Berry
tenait pour les Armagnacs ; il n'en fallait pas plus pour
appeler une répression. L'armée bourguignonne se
porte sur Bourges (1412) et tenta infructueusement
de s'en emparer. L'investissement dura 20 jours
(11 juin — 20 juillet), et les ennemis, désespérant de
réduire la ville, levèrent le siège.

Le dauphin était à Bourges quand son père mourut
(1422). Sans royaume, sauf quelques provinces situées
en deçà de la Loire, il fallait reprendre aux Anglais
l'ancien patrimoine de la couronne.

Il ne fut pas abandonné ; à son appel, La Trémouille,
Guillaume d'Albret, de Lignières, Dunois, La Hire,
Xaintrailles et bien d'autres preux vinrent à Bourges
mettre leur épée au service du Roi et de la France.

Nous sommes au début de la guerre de Cent Ans, où
allait se jouer le sort de la Patrie.

C'est grâce au concours financier et à l'appui moral de la population berruyère que ce monarque dut de recouvrer sa couronne et de délivrer la France du joug de l'étranger.

Sous l'impulsion généreuse de Jehanne d'Arc, Charles VII rassemble dans nos murs une nombreuse armée et marche sur Reims; il y est sacré le 2 juillet 1429.

Le roi revient ensuite à Bourges, et le 16 janvier 1430 fait enregistrer par sa Cour des Comptes les lettres de noblesse délivrées à la Pucelle le 29 décembre 1429 dans son royal château de Mehun-sur-Yèvre (dont la démolition fut ordonnée par le représentant Laplanche (1793).

Le 5 juin 1438 se réunissait le Concile qui prit le nom de Pragmatique-Sanction et qui, au dire de Bossuet, constitue le fondement de la discipline de l'Eglise gallicane.

Charles VII avait été puissamment aidé dans son œuvre par un petit bourgeois du nom de Jacques Cœur, que son propre savoir et sa merveilleuse intelligence des affaires conduisit aux plus importantes situations et lui permit d'être général des Finances.

On ne saurait mieux faire juger l'homme qu'en faisant connaître sa devise : « A vaillans cuers riens impossible. »

Mais ce grand citoyen fut méconnu; victime d'un procès que la noblesse haineuse et jalouse lui fit intenter en l'accusant d'avoir fait empoisonner Agnès Sorel, abandonné par le roi, il fut dépouillé, banni et mourut misérablement dans l'île de Chio.

Sa mémoire fut réhabilitée par Louis XI, né lui aussi à Bourges (3 juillet 1423), et la Ville de Bourges, voulant perpétuer le souvenir d'un de ses enfants, a élevé devant le palais Jacques-Cœur la statue de l'Argentier.

A peine Charles VII avait-il rendu le dernier soupir que Bourges entrait dans la Ligue du Bien Public. Louis XI vint dans nos murs, fit rentrer dans l'ordre les éléments turbulents et, en 1467, y créa cette Université qui ne disparut qu'à l'avènement de la Révolution. Alciat, Cujas occupèrent la chaire de droit; Calvin, élève de cette Université, fait à Bourges ses premières prédications. Nous arrivons ainsi à cette époque si féconde en événements : la Réforme.

Les guerres de Religion sont désastreuses pour notre cité. Prise par Montgommery, les Réformés s'y établissent et se livrent à des désordres de toutes natures.

Ils n'hésitèrent pas à profaner les monuments religieux et à jeter au vent les cendres de saint Ursin et de Jeanne de Valois.

Ces désordres appellent vengeance ; jusqu'ici, encore hésitants, les seigneurs catholiques se liguent, et Charles IX, à la tête d'un corps de troupe aux ordres du maréchal de Saint-André, vient mettre le siège devant la Grosse Tour et réduit la cité.

Les troubles n'en continuent pas moins ; il ne fallut rien moins que l'abjuration de Henri IV entre les mains de l'archevêque de Bourges, Regnauld de Beaune, pour rendre à la province quelque tranquillité après plus de trente ans de désordres et d'excès.

Bourges subit le contre-coup des événements de la Fronde, mais loin de seconder les projets du prince de Condé, sa population affirme son loyalisme envers Louis XIV. Le Roi-Soleil y vient en personne et prescrit la démolition de la Grosse-Tour. (Cette forteresse se trouvait à l'entrée de la rue Moyenne et de l'esplanade Marceau.)

Dans cette tour avaient été enfermés : Louis XII, Ludovic Sforza et aussi le cardinal La Balue.

Le règne de Louis XV ne fournit rien de particulier, sinon que notre ville est le lieu d'exil d'un certain nombre de parlementaires ayant refusé d'enregistrer des édits.

Le règne de Louis XVI ne présente rien de saillant ; seule, la réunion d'une assemblée provinciale chargée de la répartition de l'impôt doit être retenue, bien qu'elle n'ait donné aucun résultat pratique ; c'est une des pensées généreuses de Necker, mais on ne sut pas l'interpréter, peut-être parce qu'on ne voulut pas la comprendre, ou plutôt à cause de ses tendances libérales.

La Révolution survient ; elle est accueillie avec calme et les idées nouvelles sont acceptées avec mesure et réserve. Le représentant Laplanche ne trouva pas chez nous un terrain propice aux mouvements révolutionnaires qui ensanglantèrent les grands centres.

Néanmoins nos compatriotes fournirent avec enthousiasme leur contingent à la levée en masse de 1792 ; ils se battirent bravement à Bitche et aux lignes de Landau, sous Hoche. De 1800 à 1830, aucun fait remarquable n'attire l'attention.

Comme les autres villes de France, Bourges se rallie franchement aux conséquences des événements politiques de 1830 et de 1848.

Il n'est pas inutile de signaler ici que don Carlos fut interné dans notre ville de 1839 à 1848, et que la Haute Cour se réunissait au Palais Jacques-Cœur pour juger les prévenus politiques d'avril 1849 : Blanqui, Barbès, etc.

Dès 1860, l'organisation et la création de vastes établissements d'artillerie est à l'ordre du jour ; commencés vers 1868, ce ne fut qu'après la guerre franco-allemande que le programme tracé sous le deuxième Empire put être réalisé.

Bourges possède, outre une garnison nombreuse, une Fonderie de Canons, une École de Pyrotechnie, un Dépôt de Matériel, des Magasins Centraux d'Habillement, de Campement et de Vivres. C'est la seule ville de France qui réunisse tous ces organes indispensables à la Défense Nationale en deçà de la Loire.

Bourges possède le siège du 8e corps d'armée, une Cour d'appel, une Préfecture, tous les services accessoires financiers et d'Instruction publique (Écoles Normales, Lycée, Collège, etc...).

Bourges, enfin, est le berceau de Louis XI, de Jacques Cœur, du prédicateur Bourdaloue, du physicien Sigaud de Lafond, du poète Émile Deschamps, du musicien Louis Lacombe, etc.

III

Aspect Général

M. Marcel MONMARCHÉ, dans son opuscule **Le Berry**, s'exprime ainsi : « Bourges s'annonce de loin par la

silhouette superbe de sa « cathédrale, reine d'un
« immense horizon. Ce géant de pierre est à la fois le
« couronnement, le cœur et le joyau de la vieille cité,
« dont les toits se pressent à ses pieds comme une
« foule prosternée ; tout au tour, la ville s'étage sur les
« pentes douces d'une colline isolée, comme un îlot,
« par une large auréole de prairies. A vrai dire, c'est
« plutôt une presqu'île, car elle se rattache d'un côté à
« la terre ferme, au plateau où s'alignent, géométriques,
« les longs toits rouges des bâtiments militaires. Mais,
« hormis ce lien, Bourges, sur sa colline, nage de
« toutes parts au milieu des prés mouillés, sillonnés
« par l'Yèvre, l'Auron et l'inextricable résille de leurs
« dérivations et des ruisselets affluents. Rien de plus
« gracieux et de plus frais que cette verte ceinture,
« coupée par des rideaux de minces peupliers. »

IV

Bourges. — Ses Monuments, ses Curiosités

Pour faciliter à l'Etranger la visite de notre ville, nous avons classé sous des numéros d'ordre les divers monuments ou curiosités à voir. Le visiteur pourra ainsi trouver rapidement les renseignements dont il aura besoin.

1. Eglise Notre-Dame.
2. Rue des Toiles et rue Mirebeau. — Les Augustins.
3. Maison de la Reine Blanche et Hôtel-Dieu (rue Saint-Sulpice).
4. Ecole des Beaux-Arts.
5. Lycée et ancien Hôtel des Echevins.
6. Mairie et Bibliothèque.
7. Cathédrale Saint-Etienne.
8. Jardin public.
9. Esplanade Marceau. — Place Séraucourt et caserne d'Infanterie.
10. Porte de l'église Saint-Ursin.

11. Les Quartiers d'Artillerie.
12. Le Musée.
13. Le Palais de Jacques-Cœur. — Le Théâtre.
14. L'Église Saint-Pierre-le-Guillard.
15. Le Marché couvert. — L'allée des Soupirs.
16. L'Église Saint-Bonnet.
17. L'Hôtel Lallemant. — Les Trois-Flûtes.
18. Les Etablissement d'Artillerie.

Bourges est avant tout une vieille ville, et c'est surtout par ce côté que nous voulons la faire connaître. Les quartiers se transforment peu à peu, la pioche des démolisseurs aide le temps et facilite son œuvre, mais si l'hygiène y gagne incontestablement, la cité y perd de son cachet ; proche est l'époque où nous cesserons de vivre le passé dans son propre cadre ; bientôt, l'artiste ou l'amateur ne pourront plus éprouver cette exquise sensation de s'isoler dans la contemplation de ces vieilles maisons, témoins des joies ou des tristesses de nos pères.

Nous allons donc passer en revue nos richesses malheureusement trop ignorées du grand public.

1. — Eglise Notre-Dame (Style des XVᵉ et XVIᵉ siècles).

Notre-Dame a été construite vers 1157 — elle s'appelait autrefois Saint-Pierre-le-Marché. — Détruite en 1487 par un incendie, elle fut reconstruite en 1520. L'intérieur présente trois nefs sans abside et cinq chapelles.

A voir : Un beau bénitier en marbre blanc (classé comme monument historique); trois tableaux : *La Descente de croix*, *Les Disciples d'Emmaüs*, *La Fuite en Egypte*.

Dans la nef droite, couchée sous un autel, est étendue la statue de Jeanne de Valois, provenant du Monastère de l'Annonciade dont elle était la fondatrice.

Le vitrail de la chapelle de Sainte-Solange mérite d'être remarqué ainsi qu'un tableau de l'Ecole française, *La Cène*, qui orne la nef gauche.

Du sommet de la tour on jouit d'un très intéressant panorama.

2. — Rues des Toiles et Mirebeau. — Les Augustins.

A proximité de l'Eglise Notre-Dame, se trouvent la Rue Mirebeau et la Rue des Toiles. Ces deux voies méritent l'attention des visiteurs par le cachet que leur donnent les vieilles maisons à pignons sur rue.

Près de la place de la Barre, on peut admirer une maison qui, paraît-il, fut habitée par Pelvoysin, un des architectes de la Cathédrale. Sa façade toute de pierre est curieuse tant par son élévation que par l'obliquité suivie lors de sa construction.

A l'extrémité de la rue Mirebeau se trouve à gauche la rue de la Frange sur laquelle donne une des façades du Couvent des Augustins — On remarque, en saillie dans le mur, la chaire d'où Calvin prêchait.

Dans l'intérieur du couvent règne un cloître assez bien conservé.

3. — La Maison de la Reine-Blanche et l'Hôtel-Dieu.

Au n° 17 de la rue Gambon, à quelques pas de l'Hôtel de France, s'élève une maison du xv° siècle, dite de *la Reine Blanche*, dont la façade de bois est malheureusement empâtée par des peintures.

Les sculptures représentent des scènes religieuses diverses : saint Martin, l'Annonciation, la Visitation ; puis des scènes profanes, des musiciens, des danses.

Par un piquant anachronisme, cette maison abrite actuellement les magasins d'un industriel d'automobile.

Dans la même rue, plus loin, à droite, le visiteur admirera la porte d'entrée de l'Hôtel-Dieu, datant de la Renaissance ; le sculpteur s'est appliqué à rendre avec une remarquable finesse les instruments de la Passion.

A l'angle de la rue des Trois-Pommes se dressent encore quelques curieuses maisons du Moyen-Age à *pignon sur rue.*

4. — Ecole des Arts appliqués a l'Industrie.

Cette école, inaugurée en 1882, est construite sur l'emplacement de l'ancienne église des Carmes. Avant la Révolution, et ce chaque année depuis 1429, une procession fondée par la ville en l'honneur de la Pucelle en partait pour parcourir les différents quartiers de la ville.

C'est là aussi que les trois ordres se réunirent en 1789. Cette église abrita quelque temps la foire de Janvier, dite « du Palais », parce qu'anciennement elle se tenait dans le Palais du duc de Berry, puis elle fut démolie ; elle ne présentait d'ailleurs aucun intérêt archéologique.

5. — LE LYCÉE ET L'ANCIEN HÔTEL DES ECHEVINS.

A gauche, sur la place Cujas, prend naissance la rue de Paradis. Voici d'abord le Lycée (ouvert le 1er mai 1802) et plus loin, sur le même côté, l'ancien Hôtel des Echevins (aujourd'hui Petit Lycée).

Ce monument date du xve siècle.

A voir : la tour et la cheminée du rez-de-chaussée, dont le manteau est fort remarquable ; dans la même salle, à droite de la cheminée, une porte au tympan historié représente sainte Solange, patronne du Berry ; dans une salle voisine, une peinture murale des armes de Bourges a été récemment découverte.

Le visiteur remarquera que la partie de l'édifice sis à gauche rappelle la Renaissance, tant par les arcades qui supportent le 1er étage que par la façon dont sont traités les frontons des fenêtres. Ces constructions sont limitées de la voie publique par une grille, ce qui permet ainsi de jouir de l'effet du recul.

L'étranger constatera aussi que, dans cette partie de la ville, les rues qui enserrent la Cathédrale sont plus étroites et, par leur courbe, se rapprochent de plus en plus du noyau central.

6. — LA MAIRIE ET LA BIBLIOTHÈQUE MUNICIPALE.

La Mairie occupe une série de bâtiments situés à l'angle de la rue Moyenne et de la rue de la Monnaie. Les services municipaux vont, paraît-il, très prochainement abandonner cette demeure pour occuper l'ancien palais archiépiscopal.

Au n° 4 de la rue de la Monnaie, est installée la Bibliothèque municipale. Outre une collection de manuscrits et d'incunables de très grande valeur, le dépôt possède environ 40.000 volumes. Les archives municipales, remontant au xv⁰ siècle, y sont également abritées.

Dans le Jardin de l'Hôtel de Ville et en vue de la rue Moyenne, est un buste de Louis Lacombe (musicien, 1818-1884). Cette œuvre est due au ciseau du sculpteur berrichon Jean Baffier.

7. — La Cathédrale.

Ce monument historique mérite d'être visité avec la plus grande attention.

Cette basilique est édifiée sur l'emplacement du temple élevé dans le palais même de Léocadius, proconsul des Gaules. La Cathédrale est placée sous le vocable de saint Etienne ; elle ne parait pas antérieure au xiii⁰ siècle et elle fut livrée au culte le 5 mai 1324.

L'édifice n'a point de transept. La façade laisse à désirer à cause de ses deux tours d'inégale hauteur, mais les cinq portiques qui se développent sur une largeur de 55 mètres, précédés d'un vaste escalier, donnent à ce monument une ampleur et une somptuosité admirables.

Le portique central ne fut achevé qu'en 1390, grâce aux dons du duc Jean de Berry. Le tympan du grand portique reproduit en trois tableaux de haut relief les scènes du *Jugement dernier*.

Au sommet se trouve le Christ entouré d'anges sonnant de la trompette. Au 2⁰ plan, la résurrection des morts ; enfin, au dernier plan, nous trouvons à droite les élus, à gauche les réprouvés en d'hideuses attitudes.

Le tympan est encadré de douze cordons d'un aspect riche et varié. Prés du Christ, nous trouvons les séraphins et les chérubins, puis viennent successivement et en s'éloignant : les anges, les archanges, les patriarches, les prophètes, les apôtres, les évangélistes, les martyrs, les confesseurs, les vierges. C'est l'abrégé de l'histoire de l'Eglise.

Les quatre autres portiques sont d'une ouverture plus étroite et leur voussure est moins profonde, tout en restant néanmoins en harmonie avec le portique central. Nous y lisons l'histoire du monument : les légendes de saint Étienne et de saint Ursin et les scènes de l'ancien et du nouveau testament. Ajoutons que le portique gauche de la façade centrale est du style ogival flamboyant.

Deux portails collatéraux de style roman permettent également de pénétrer dans cette basilique : le portail Nord nous présente la Vierge assise et entourée d'anges ; le portail Sud nous fait voir le Christ entouré des Évangélistes.

Les deux tours qui encadrent la façade se nomment :

Celle de droite — *La Tour Sourde* (xive siècle).

Celle de gauche — *La Tour de Beurre* ou *Tour Neuve*.

Dans cette dernière se trouvent les cloches ;

Son ascension (365 marches) permettra au touriste de jouir d'un panorama d'une grande étendue et de toute beauté.

Intérieur. — A l'intérieur se comptent 5 nefs ; la nef centrale mesure 37 mètres de hauteur — L'édifice est supporté par 60 colonnes et couvre environ 6 kilomètres carrés.

Le visiteur remarquera que les bases de certains piliers ont été mutilées par les soldats protestants lors de l'occupation de Bourges par les troupes de Montgommery (1562). La reprise de Bourges par les catholiques ne permit pas de consommer l'acte de vandalisme projeté ; le but évident était de démolir la basilique.

Chœur. — Le chœur est entouré de grilles de ferronnerie d'art — et les stalles du chapitre (xviiie siècle) ainsi que la stalle archiépiscopale sont des travaux de menuiserie d'art remarquables.

Vitraux. — Les vitraux de l'abside (xiiie siècle) d'un coloris admirable, sont extrêmement curieux car ils révèlent dans leurs moindres détails la vie domestique et l'état social de l'époque.

Il n'est pas de traité d'art ou d'histoire qui ne les cite et s'appuie sur leur documentation : Nous y voyons successivement la parabole de l'Enfant prodigue, du Bon Samaritain, Lazare et le Mauvais Riche, La Passion, L'Apocalypse, Le Jugement Dernier, Joseph (le seul sujet tiré de l'Ancien Testament); Les Apôtres : Saint Thomas, saint Pierre, saint

Paul, puis viennent saint Martin, saint Denis, saint Laurent, saint Vincent, saint Etienne, etc.

Chapelles. — Elles sont presque toutes intéressantes; nous les parcourerons rapidement de gauche à droite en énumérant très brièvement les points à retenir.

1. Chapelle des Montigny (Maréchal de France) xve et xvie siècle. Verrière du xviie siècle.
2. Chapelle des Fradet. (Echevins de Bourges) xvie siècle.
3. Chapelle de Saint-Loup (xve siècle). Vitraux : *Les Quatre Evangélistes.*
4. Chapelle Saint-Denis (xve siècle). La verrière représente la légende de Saint-Denis.
5. Chapelle de Saint-Jean Baptiste. (xve siècle). La toile qui surmonte l'autel est du peintre berruyer *Jean Boucher.*

Sacristie. — La porte d'entrée est sculptée finement et porte les armes des Cueurs.

6. Chapelle de Sainte-Jeanne (xve siècle). Tableau : *Une Adoration des Mages.*
7. Chapelle Jacques-Cœur (xve siècle).
8. Chapelle de la Vierge précédée des statues du duc et de la duchesse de Berry en prières.
9. Chapelle de Sainte-Catherine (Vitraux modernes).
10. Chapelle de François de Salles (Restauration moderne).
11. Chapelle de Sainte-Solange (Patronne du Berry). (xie et xiie siècles). Les fresques sont très curieuses et d'un travail remarquable. *A voir :* le reliquaire qui servit en 1879 lors de la fête du Millénaire.
12. Chapelle de Saint-Nicolas (Restauration moderne).
13. Chapelle Sainte-Anne (xve siècle). Statue de bois.
14. Chapelle du Sacré-Cœur (xve siècle). 2 tapisseries des Gobelins l'ornent richement. Ce sont des copies des cartons de Raphaël : « La Mort d'Ananie ». — et — « Saint-Pierre et Saint-Paul guérissant les Paralytiques ».
15. Chapelle du Mont-Carmel (xve siècle). *A signaler :* Une toile de *J. Boucher* « L'Adoration des Bergers » et l'ancienne châsse de Sainte-Solange.
16. Chapelle de la Bonne Mort (xve et xvie siècles).

Dans le chœur, enfin, le visiteur devra remarquer les grandes orgues, les chaires sculptées (Style du xiiie siècle) et les merveilleux lustres.

Crypte. — Dans l'église souterraine, se trouvent le tombeau du duc Jean de Berry et une Descente au Tombeau du xvie siècle.

En sortant de la Cathédrale le visiteur trouvera à sa droite, à l'angle de la maison séparée de la grande tour par une rue, une inscription gravée sur pierre « Icy se donne le Gris ». Une légende se rattache à cette inscription et vaut d'être narrée :

Un jour, il y a belle lurette, le Diable eut une contestation avec le chapitre de Saint-Etienne — (il faut dire que le chapitre s'assemblait dans la maison qui porte l'inscription); — comme tout le monde le sait, Messire Satan ne voyage jamais qu'en compagnie de son vieux camarade « Le Vent ». La discussion fut chaude et longue car le vent est toujours à la porte attendant son ami. La séparation des Eglises et de l'Etat n'a même pas mis fin à l'entretien.

Dans tous les cas, ami lecteur, si vous ne croyez pas au Diable, évitez son ami le Vent ce pourvoyeur généreux et empressé de nos Esculape et de nos Gallien berruyers.

8. — Le Jardin public de l'Archevêché.

Dans la partie du jardin la plus rapprochée de la Cathédrale, règnent des charmilles encadrant deux grands carrés de style français, œuvre de Lenôtre. — L'autre partie du jardin, de style moins sévère, abrite un kiosque à musique très élégant. Des concerts donnés par les musiques de la garnison ou par la musique des Sapeurs-Pompiers ont lieu les jeudi et dimanche de chaque semaine.

(Des chaises sont mises à la disposition du public moyennant le prix de 0 fr. 10.)

Le visiteur devra porter son attention sur les bâtiments de l'ancien palais archiépiscopal, brûlés en partie en 1871, et sur le monument élevé à la mémoire de Béthune-Chârost par le département du Cher.

Un musée lapidaire est installé près de l'abside de l'ancienne église de Notre-Dame de Salles.

9. — Esplanade Marceau. — Place Séraucourt. — Casernes d'Infanterie.

En sortant du jardin public par la porte sud, le touriste prendra pied sur l'Esplanade Marceau, dominant la vallée de l'Auron. S'il descend vers cette rivière, il aura à sa droite la caserne Condé (ancien grand Séminaire); dans le mur se trouve encastré un fragment de l'enceinte gallo-romaine. Devant lui se dresse, sur un socle de pierre, une statue, *L'Espoir*, œuvre de Baffier, inaugurée en 1907, et élevée à la mémoire de nos compatriotes morts pour la Patrie au cours de la guerre franco-allemande.

La caserne d'infanterie construite en contre-bas, près du champ de manœuvre, porte le nom du marquis de Vieil-Castel.

A gauche, voici la place Séraucourt, à l'extrémité de laquelle se soude une voie (le boulevard de la Liberté) menant à l'Hôpital militaire et à l'Observatoire privé de l'abbé Moreux (maison de style arabe), qui jette une note intéressante dans notre cadre berrichon.

10. — Porte de l'Eglise Saint Ursin.

A peu de distance de l'Esplanade Marceau et donnant sur l'avenue Séraucourt, nous trouvons le portail de l'ancienne église de Saint-Ursin ou Saint-Ours (xi⁰ siècle). Le tympan représente, par les travaux ou les occupations qui leur correspondent, les douze mois de l'année.

Une inscription gravée dans un cartouche occupant le centre de la base du tympan nous révèle le nom du sculpteur : Giraud.

Giraldvs fecit istas portas

11. — Les Quartiers d'Artillerie.

Si le visiteur désire compléter son excursion de ce côté de la ville, il pourra, en empruntant le tramway Esplanade Marceau jusqu'à son point terminus, se faire transporter jusqu'aux quartiers d'artillerie et juger ainsi de l'importance militaire de notre ville, qui mérite avec juste raison le nom « d'Arsenal de la France ».

12. Le Musée (Ancienne Maison de Cujas, xvi⁰ siècle). *Pour le visiter, s'adresser au Concierge.*

Construite sur les plans du maître maçon Pelvoysin, cette demeure appartint d'abord au Receveur des

Aides du Berry, un florentin, Durand Salvi, puis fut acquise par Cujas vers 1585. — Acquise par le Département du Cher vers 1820, elle devint la propriété de la Ville en 1878, au moment de la construction de la Gendarmerie, rue Nicolas-Leblanc, la caserne de Gendarmerie occupant ces constructions.

Le Musée possède des collections intéressantes. Pour faciliter à l'étranger sa visite, nous indiquerons seulement les grandes classifications :

Rez-de-Chaussée. — *1re Salle :* Epoque du moyen-âge. — *2me Salle :* Epoques romaine et gallo-romaine. — *Oratoire :* Lambris peints du xviie siècle.

Salle Jean-Boucher : Œuvres du peintre berruyer Jean Boucher et de Jean Restout (xviie siècle). — Musée lapidaire et Musée de Peinture et de Sculpture.

Entresol. — *1re Salle :* Armes, armures, souvenirs de l'époque révolutionnaire, sceaux, etc. — *2e Salle :* Céramique, porcelaines, tapisseries, etc.

1er Etage. — *1re Salle :* Renaissance. — *2e et 3e Salles :* xviie siècle (français et étranger). — *4e Salle :* xviiie siècle.

Le Musée possède des peintures *originales* des Ecoles française, flamande, italienne et hollandaise des xvie, xviie et xviiie siècles.

13. — Le Palais de Jacques Cœur et le Théatre.

En face du Palais, la statue de l'Argentier, œuvre du sculpteur Préault. La maison de Jacques Cœur est du milieu du xve siècle. Tout, dans cet édifice, est digne de l'admiration du visiteur. Sur la place Berry, la façade féodale s'appuie sur les assises de l'enceinte gallo-romaine. L'entrée se trouve sur la place Jacques-Cœur.

A visiter : la chapelle et ses peintures; la salle des gardes, les sculptures des cheminées monumentales, des décorations extérieures des tourelles, des escaliers, des balustrades où s'étale la devise : « A vaillans (2 cœurs) riens impossible », permettent de reconstituer la vie sociale du pays au xve siècle. Cette demeure est d'ailleurs considérée comme le type le plus complet de l'architecture civile de l'époque; c'est, en son genre, un spécimen unique. — Il est regrettable que ces locaux abritent des services publics et que l'Etat n'y restitue pas les appartements dans l'état primitif avec ses meubles, ses tapisseries, etc...

Le Théâtre (1838) n'a rien de particulièrement remarquable. La salle est coquette et l'accoustique en est parfait.

14. — Eglise Saint-Pierre-le-Guillard.

Cette église présente les mélanges de deux styles (xiiie et xve siècles). — *A voir :* tableaux : la Résurrection et l'Assomption, la Cène, la Légende de saint Antoine.

Cujas a été inhumé dans une des chapelles qui précèdent l'abside (dite chapelle des Trépassés) le 6 octobre 1590.

Cette église renferme des vitraux modernes d'une facture remarquable.

De l'autre côté de la rue des Arènes, sur la façade du n° 63, se trouve une plaque rappelant que le poète Emile Deschamps y est né le 20 février 1791.

15. — Le Marché-Couvert. — L'Allée des Soupirs.

En prenant le tramway au pont de la gare, on traversera d'abord les Prés Fichaux, *le Pré aux Clercs de Bourges ;* on accédera aussi au Marché-Couvert construit place Parmentier, à proximité de la magnifique promenade « l'Allée des Soupirs ».

16. — L'Eglise Saint-Bonnet.

De l'autre côté de la place Parmentier, faisant pendant au Marché-Couvert, nous trouvons l'église Saint-Bonnet (xvie siècle). — *Voir :* les verrières du peintre Lescuyer et deux toiles de Jean Boucher : *L'éducation de la Vierge* et *Les Adieux de saint Pierre et saint Paul.*

Dans une des chapelles se trouvait la sépulture de la famille Lallemant; la chapelle dite du Sacré-Cœur a été construite par le père de l'historien Chaumeau.

17. — L'Hôtel Lallemant.

L'Hôtel Lallemant date de la Renaissance. Il a été bâti de 1490 à 1510, pour de riches marchands, les « Lallemant ». — *A voir :* la chapelle, les salles intérieures avec leurs cheminées, les deux tourelles d'angles de la cour donnant accès à la rue Hôtel-Lallemant, ainsi que la galerie ouverte du rez-de-chaussée. — Dans l'un des piliers est encastrée une table de marbre noir portant gravés des vers du XVIe siècle nous apprenant que cette demeure faisait partie de trois paroisses. — Dans cette galerie se trouve un musée lapidaire assez intéressant.

18. — Les Etablissements d'Artillerie.

Nous engageons vivement les étrangers à compléter leur visite de notre ville par une promenade sur le boulevard Lahitolle ; ils pourront ainsi se rendre compte de l'importance de nos établissements d'artillerie.

V

Vieilles Maisons, vieux Souvenirs

Les rues Bourbonnoux, Joyeuse, Coursarlon, Cambournac, la place Gordaine, la rue d'Auron, la rue de Linières possèdent encore des maisons de pierre et de bois des XVe et XVIe siècles.

VI

Le tour de ville

Daudet raconte que, avant de partir chez les « Teurs », Tartarin aimait à faire le tour de ville ; bien que nous soyons moins favorisés que son héros et que nous ne possédions pas de baobab géant en nourrice dans un pot de réséda, nous pouvons faire aussi notre tour de ville. Dans cette promenade, nous suivrons exactement l'ancienne enceinte de la cité. En partant du pont sur l'Yèvre (avenue de la Gare), nous parcourerons successivement le cours Beauvoir, le boulevard Chanzy, le cours Chanzy, le boulevard de Strasbourg, l'avenue Bourbonnoux, la rue des Hémerettes, l'esplanade Marceau, le boulevard Lamarck, le boulevard d'Auron, la rue de Juranville et nous reviendrons à notre point de départ par le boulevard Gambetta.

BOURGES

Ses Écrivains — Ses Artistes — Ses Hommes célèbres

BIOGRAPHIES — ANTHOLOGIE

N.-B. — Nous ne pouvons compter au nombre de ces célébrités Jean duc de Berry, Calvin, Cujas, Béthune-Charost, Michel de Bourges, mais ils ont été si intimement mêlés à la vie publique de notre ville que leurs noms doivent être cités.

Les étrangers pourront d'ailleurs voir au Musée : Un portrait et un autographe de Cujas et un portrait de Michel de Bourges.

Anthologie. — Dans la transcription des extraits empruntés aux différents auteurs berruyers, nous avons respecté fidèlement l'orthographe.

ARS (Louis d'), chambellan de Louis XII. — Entre de bonne heure au service et devient bientôt lieutenant de la Compagnie des Ordonnances de Charles VIII commandée par le comte de Ligny.

Après la conquête du Milanais, Ludovic Sforza fut obligé de quitter ses Etats et les terres de son duché furent partagées entre les différents capitaines. Tortone, Voghera, etc., échurent au comte de Ligny, mais leurs habitants se soulevèrent. Voulant mettre ces populations à la raison, le comte de Ligny se rendit dans le

Milanais; il était accompagné de Louis d'Ars à la tête
d'une troupe d'hommes d'armes dont le guidon était
porté par Bayard. Par son intervention, Louis d'Ars
épargna aux populations soulevées une répression
sanglante.

Ce fait est rapporté avec une grande précision au
chapitre XVII des *Mémoires de Bayard* rédigés par le
Loyal Serviteur.

Blessé en 1503 (avril) à la bataille de Cerignole,
Louis d'Ars se dirigea sur Venouse, tandis que l'armée
se rendait à Gaète. Pendant de longs mois, il se main-
tint dans la Pouille, en plein pays ennemi. Il s'y for-
tifia, appela à lui les Français dispersés et réunit
600 fantassins et 200 chevau-légers qu'il solda de son
argent, puis se défendit (juin 1503). Il refuse d'accepter
la capitulation de Gaète signée par d'Alègre. Il n'aban-
donne ce poste d'honneur que sur l'ordre de Louis XII ;
il obéit et « traversa l'Italie avec 400 hommes, marche
« triomphale où les Français étaient accueillis aux
« cris de : « France ! Louis d'Ars ! » [LAVISSE, *Histoire
de France*, livre I, tome V, page 66.]

Louis d'Ars fut tué à Pavie (1525). Il était né à
Bourges, ainsi qu'en témoigne Brantôme dans son
ouvrage *Les Grands Capitaines*, dont un chapitre est
consacré à ce vaillant soldat. [Discours XI, tome V, p. 80
de l'édition de 1787, Paris.]

AUGIER (le général), 1769-1816.

Engagé volontaire en 1792 dans un des bataillons du
Cher, il se distingua au siège de Bitche, le 27 brumaire
An II, où il fut gravement blessé. Parvenu au grade de
général de brigade, il reçut le commandement militaire du département du Cher. Sa conduite pendant la
campagne de Russie lui valut le grade de commandeur
de la Légion d'Honneur (1812).

BABOU (PHILIBERT, *sieur de La Bourdoisière*) (1485-
1550), secrétaire et argentier de François Ier.

BARDOUX (AGÉNOR), homme politique né à Bourges
en 1829, mort à Paris en 1897. — Il se signala sous

l'Empire par le libéralisme de ses idées et fut élu en 1871 député du Puy de-Dôme à l'Assemblée Nationale. Il y siégea au Centre gauche, et fut un instant sous-secrétaire d'Etat à la Justice (1875). Elu la même année député à la Chambre, il devint l'un des chefs les plus autorisés du parti républicain et reçut peu après le portefeuille de l'Instruction publique dans le cabinet Dufaure (1877-1879). Non réélu en 1881, il fut nommé sénateur inamovible en 1882. Il entra en 1890 à l'Académie des Sciences morales et politiques.

Bardoux, qui fut un orateur distingué, fut aussi un écrivain de mérite. Comme ouvrages, il a donné : *Les Légistes et leur influence sur la société française ; Le comte de Montlosier et le Gallicanisme ; La comtesse Pauline de Beaumont ; La Bourgeoisie française de 1789 à 1848.*

(Dictionnaire illustré Larousse.)

La Bourgeoisie pendant la Révolution

... Quelque bien douée qu'elle soit, une nation n'a pas deux fois, dans la même période, une pléiade de penseurs, de jurisconsultes, d'orateurs, de philosophes. Elle n'a pas même deux fois, lorsque l'éducation politique est à faire, le groupe silencieux, mais pondérateur, des hommes de bon sens. Aussi, sauf quelques individualités laissées en dehors par les élections de 89, sauf quelques jeunes gens éloquents et héroïques, qui n'avaient jamais vu de près les difficultés pratiques, les votes s'étaient portés sur les représentants de la petite bourgeoisie, ou sur les personnages secondaires appartenant aux professions libérales et aux congrégations dissoutes. Les projets libéraux rêvés par la haute bourgeoisie rencontraient comme obstacle, dans l'Assemblée législative, un parti nouveau, confus, violent, organisé par les clubs et déterminé à aller jusqu'au bout.

Les mœurs bourgeoises subissent le contre-coup des événements. L'influence incroyable des tableaux de David sur le goût et les modes n'en était que le résultat. Les femmes avaient abandonné le charmant costume du xviiie siècle qui leur allait si bien. La poudre qui adoucissait leur visage, la mouche qui en relevait la pâleur, les corsets et les souliers à talon étaient proscrits. En substituant aux robes dites de cour des vêtements légers, simples, unis, étroits, l'étiquette était supprimée peu à peu. Les habitudes rigoureuses d'exquise politesse se perdaient. Les hommes avaient adopté le vêtement noir et la coiffure flottante. L'introduction d'un costume nouveau chez un peuple n'est jamais un événement isolé, un fait insignifiant, il annonce une modification complète dans la vie ordinaire...

BÉTHUNE (duc de Chârost), agronome et philanthrope, est né à Versailles en 1738, mort à Paris en 1800. — Entré dans l'armée, il commanda d'abord un régiment, puis, après la paix de Paris, il quitta le service et vint habiter son château de Meillant (Cher). Il s'adonna alors à l'agriculture, fit tout ce qu'il put pour développer les idées de progrès et créa même une société d'agriculture. Bien avant la période révolutionnaire, il abolit sur ses domaines les anciens droits féodaux et, à cause de sa générosité, il fut surnommé le « Père de l'humanité souffrante », ce qui ne l'empêcha pas d'être inquiété pendant la Terreur.

Il mourut d'ailleurs victime de son dévouement. Il visita en qualité de maire du Xe arrondissement un asile de sourds-muets où régnait la petite vérole. Il contracta la maladie qui l'emporta quelques jours après.

Il produisit quelques ouvrages ayant particulièrement trait aux questions agricoles.

Un monument a été élevé à cet homme de bien dans le jardin public de l'Archevêché.

BENGY (ANTOINE) (1564-1616). — Il étudia à l'Université de Bourges sous Cujas et obtint une des chaires vacantes.

Homme de valeur, d'un esprit juste et élevé, ses prédécesseurs avaient répandu tant de lustre autour de leur enseignement et dans des formes si neuves qu'il passa presque inaperçu ; il ne sied pas cependant de laisser dans l'oubli une des grandes figures dont s'honore Bourges.

BERRY (JEAN DE FRANCE, duc de), troisième fils de Jean II, né à Vincennes en 1340, mort à Paris en 1416.

Créé duc en 1360, ce prince a joué un rôle civilisateur de premier ordre ; ce fut un Mécène des arts et des lettres et le modèle des amateurs de son temps. Ayant su se faire attribuer d'immenses domaines et des rentes nombreuses, il fit travailler une armée d'artistes. Il entretenait des relations suivies avec des orfèvres de France, de Gênes, de Florence, de Venise; il avait des tailleurs et des graveurs en pierres fines. Il fit venir à Bourges André Beauneveu, Jacquemart de Hesdin, Pol de Lembourg, etc. Des maîtres-maçons et charpentiers étaient attachés à sa suite. Il fit même venir d'Italie des meubles d'art dont il se servait comme modèles.

C'est lui qui dota la cathédrale de Bourges de sa façade principale et de la verrière admirable qu'elle encadre.

Ses collections étaient d'une très grande valeur et d'une variété incroyable pour l'époque. Il possédait 300 manuscrits merveilleux dont la moitié au moins étaient ornés de miniatures et d'enluminures, richement reliés et protégés par des fermoirs ouvragés sertissant des pierres fines, des émaux, des figures en relief.

Voir, dans la cathédrale, le duc et la duchesse de Berry en prière (chapelle de l'Abside, dite de la Sainte-Vierge).

BOUCHER (JEAN) (1568-1633). — Tout jeune, il eut le goût des arts et de la peinture; il voulut, pendant trois fois différentes, aller puiser chez les maîtres italiens ces secrets de la couleur qui leur étaient particuliers. En 1628, son atelier était établi dans la Tour Sourde de la cathédrale.

Œuvres diverses. — Christ sur la Croix — Famille d'un Pasteur huguenot — Ascension — La Transfiguration — Un saint Augustin — Une Sainte Monique — Une Descente du Saint-Esprit — Une Magdeleine — Une Notre-Dame — Un saint Louis — Deux Annonciades — Une Nativité — Un saint Jean-Baptiste — Un Portrait de sa mère.

Voir au Musée le portrait de Jean Boucher (n° 1963) et un buste dans la salle de sculpture et de peinture

BOURDALOUE (Adrien) (1798-1868). — Dès qu'il eut terminé ses études, Bourdaloue (Adrien) entra comme employé dans les bureaux de l'Ingénieur en Chef du Canal de Berry; il quitta bientôt cette situation pour entrer dans l'industrie comme sous-directeur d'usine dans le Gard; il dirigea ensuite les travaux du chemin de fer de Lyon-Méditerranée de Bessèges à La Grand-Combe, puis la construction de la ligne d'Alais à Nîmes.

En 1847, Bourdaloue dirigea la brigade française chargée d'étudier les conditions dans lesquelles pouvait être réalisé l'isthme de Suez; il put, après de longs mois de travaux, rectifier une erreur faite par les ingénieurs anglais et c'est grâce aux travaux remarquables et précis de notre compatriote que ce grand projet fut réalisé.

Il émit alors l'idée d'un nivellement général de la France et, dès son retour à Bourges (1848), il voulut mettre à exécution cette grande pensée. De 1849 à 1855, il exécuta le travail pour le département du Cher à ses frais. Cette œuvre magnifique lui coûta personnellement 50.000 francs et les résultats sont consignés sur un atlas appuyé de 125 volumes de calcul et 4 volumes de texte.

C'est alors qu'il fut chargé de diriger le travail pour la France et qu'il entreprit cette besogne qui ne prit fin qu'en 1864.

Il y avait déjà 12 ans qu'il était adjoint au maire de Bourges et il ne devait quitter ce poste de confiance et d'honneur que le 1er janvier de l'année de sa mort.

Bourdaloue était officier de la Légion d'honneur, commandeur des ordres de saints Maurice et Lazare, officier du Lion Néerlandais et de l'Aigle Rouge de Prusse; il portait en outre les insignes de l'Ordre de Guadalupe du Mexique. — Il n'oublia pas sa ville natale et dans son testament il léguait à l'administration municipale une somme de 8.000 francs pour l'érection d'une fontaine place de l'Arsenal; il donna aussi ses médailles, ses décorations et un magnifique diamant dont l'Empereur de Russie lui avait fait présent et dont le produit fut employé à l'érection, dans le Jardin public, des deux bustes du prédicateur Bourdaloue et du savant Sigaud de Lafond. La Ville de Bourges ne doit pas perdre la mémoire de cet homme de bien.

BOURDALOUE (Louis), né à Bourges en 1632, mort à Paris en 1704. Il fit ses études chez les Jésuites et y entra comme novice. Il professa d'abord en province et ne commença à prêcher qu'en 1666. Son succès fut énorme. — En 1670, il prêcha l'Avent en présence de la Cour et, en 1672, le Carême. — Il fut le prédicateur attitré de Louis XIV et développa dans ses sermons une hardiesse inconnue jusqu'alors (l'extrait que nous donnons en est une preuve).

Portrait : Musée, nº 214. — Buste dans la galerie de sculpture.

L'Aumône

..... Que fait donc le riche quand il oublie le pauvre, et qu'il lui refuse l'aumône? Vous ne vous êtes peut-être jamais formé l'idée de ce péché, telle que je la conçois et telle que l'Ecriture nous la donne. Je dis qu'un riche qui refuse au pauvre l'aumône, est un sujet rebelle qui refuse le tribut à son souverain; que c'est un vassal orgueilleux qui, par un esprit d'indépendance, ne veut pas reconnaître son seigneur. Excellente idée qui nous fait comprendre, d'une part la supériorité infinie de l'être de Dieu, et de l'autre la nature de l'aumône. Car de là, mes chers auditeurs, je tire deux conséquences qui ne peuvent être, ni assez attentivement méditées, ni assez fortement prêchées dans le christianisme. La première, qu'il est essentiel à l'aumône d'être faite dans un sentiment d'humilité et que bien loin que ce soit une œuvre propre à nous inspirer l'orgueil et à nous enfler, elle nous tient au contraire dans la soumission, en nous réduisant à la connaissance de nous-mêmes. Pourquoi? Parce que l'aumône est essentiellement un aveu que l'homme fait à Dieu de sa dépendance. Or, il n'est pas naturel qu'un sujet tire vanité de sa condition de sujet, ni du témoignage même qu'il rend de sa fidélité et de son obéissance....................

(Sermon sur l'Aumône. — Sermon pour le premier Vendredi de Carême).

BOUVIER (Gilles) dit *Berry*, né à Bourges (1386-1460). Roi d'armes du Pays et Marche de Berry. Il écrivit plusieurs ouvrages restés manus...s.

Une Chronique sur les règnes de Charles VI et de Charles VII fut d'abord publiée sans indication du nom de l'auteur. — En 1619, une réimpression porte le nom d'*Alain Chartier*. Il est l'auteur d'un armorial de France, Ecosse, etc., qu'il illustra lui-même. — Il composa enfin une histoire de Richard II et les relations des voyages qu'il fit en Europe, en Asie et en Afrique.

Chronique sur les Règnes de Charles VI et de Charles VII

I

Le Sire de la Trimoille lève le siège de la Grosse Tour de Bourges (page 54)

... En celle saison (1426) vindrent le comte de Clermont, le comte de la Marche et le sire de Boussac en la ville de Bourges, et les y boutirent aucuns de la dicte ville qui estoient à la porte. Et estoit allié avecques eux Monseigneur le connestable de France comte de Richemont. Et sitost qu'ils furent en la dicte ville où estoient dedans les sires de Prie et de la Borde, et estoit le dit siège devant la dicte Tour par dedans la dicte ville, et par dehors, le Roy sceut ceste entreprise, et le seigneur de la Trimoille qui estoit en gouvernement si assemblèrent grand foison de gens d'armes et vindrent devant la dicte ville le Roy en personne, et levèrent le siège qui estoit devant la Grosse Tour du costé du Bourbonnois, et devant que le Roy arrivast fust tué le sire de Prie, qui estoit dedans la Grosse Tour d'un traict de ceux qui tenoient le dict siège. Et quand le duc de Bourbon, et les autres seigneurs virent que le Roy estoit le plus fort et maistre de la dicte ville par le moyen d'icelle tour, si firent leur traicte, et s'en allèrent eux et leurs gens en leur pays...

II

La Pragmatique Sanction instituée à Bourges

... L'an mil ccccxxxviij, se partit le Roy de la cité de Tours et vient en sa cité de Bourges et là tient son parlement pour le faict du Pape et du Concile, et là fut ordonné la Pragmatique Sanction. Et là fut l'Archevesque de Crète pour le Pape et autres seigneurs pour le Concile : et la plus-part des Archevesques, et autres prélats de l'obéissance du Roy, lesquels prélats, docteurs et notables clercs firent certaines constitutions touchant le faict de l'Eglise. Et aussi ordonna le Roy avec les dits prélats qu'ils meissent tous peine à leur

pouvoir, de mettre en union le Pape, et le Concile : et de là
partit le Roy, et s'en vint à Bloys, et là fit sa feste de
Toussainct ».

CALVIN, fondateur de la Réforme en France, né à
Noyon en 1509, mort à Genève en 1564. — Il étudia
d'abord à Paris où il devint un humaniste distingué,
puis à Bourges où il fut en rapports suivis avec l'hellé-
niste allemand Melchior Wolmar. Appelé en 1538 à
Genève pour enseigner la théologie, il voulut appliquer
aux mœurs l'inflexibilité qu'il avait apportée au dogme.
Michel Servet, brûlé en 1553, est une victime de son
intolérance. En 1559, il fondait l'Académie de Genève
qu'il faisait diriger par Théodore de Bèze, puis jusqu'à
sa mort (1564), il s'appliqua de toutes ses forces à
répandre sa doctrine en Europe.

Calvin écrivit des commentaires sur l'Ecriture et
traduisit du latin en français d'une manière heureuse
et précise son Institution Chrétienne.

CASANOVA (Eugénie) (née Hervieu), veuve en premières noces de Mayet-Genetry, député du Cher, maire
de Bourges (née à Rouen le 26 janvier 1825, décédée à
Bourges, château de Montifault, 20 octobre 1908).

Le buste de Mme Eugénie Casanova est déposé au
Musée, salle de sculpture et de peinture.

« Une poétesse au délicieux talent, une femme au
« grand cœur, Mme Eugénie Casanova, vient de s'étein-
« dre aux portes de Bourges, en son château de Mon-
« tifault, dont les allées, dessinées par Le Nôtre, avaient,
« pendant trois quarts de siècle, abrité ses rêves. On
« l'appelait là-bas la « Muse du Berry » et son souvenir
« y restera populaire... Elle se rappelait avec fierté les
« encouragements donnés à ses débuts par M. Thiers,
« par Emile et Antony Deschamps, restés jusqu'à leur
« mort en correspondance avec elle. Et ses dernières
« joies furent de voir quelques-uns de ses poèmes,

« déjà si naturellement musicaux, s'envoler par le
« monde sur les ailes des mélodies de Penavaire, de
« Paul Delmet, de Samuel Rousseau... »

SERGINES.

(Annales politiques et littéraires, 13 déc. 1908.)

Au Drapeau français

Le drapeau, c'est toute l'histoire
Qui se déroule en plis flottants !...
Le drapeau, c'est te   e la gloire
Qui vient chanter nos vétérans !...
Dans ces couleurs que l'on adore,
Se lit un passé glorieux !...
C'est l'avenir qui se décore
De l'arc-en-ciel qui brille aux cieux ;
Quand, revenant de la bataille,
La hampe n'a qu'en souvenir
Nos trois couleurs que la mitraille
Dispersa, — mais sans les ternir !...

Haillon chéri, relique sainte,
Gloire et grandeur du régiment,
Guide aux combats, guide sans crainte
Ceux qui te suivent fièrement !...
Le soldat, après la victoire,
Joyeux de quelque exploit nouveau,
Pour le graver dans sa mémoire
L'inscrit au fronton du drapeau !...

Vers cette imposante auréole
Chacun s'incline avec respect.
Drapeau muet, quelle parole
Pourrait transformer ton aspect ?...
Garde à jamais sous ton silence,
Garde les noms des grands Français,
Dont tu retraces la vaillance,
Dont tu rappelles les succès !...
Rien ne faiblit sur notre terre,
Tant que de notre fier drapeau
On voit et le fils et le père
Défendre le dernier lambeau !...

Drapeau sacré qu'aime la France,
Rempart des âmes et des cœurs,
Toujours tu gardes l'espérance
De revoir les grands jours vainqueurs !
Flotte pour jamais dans l'espace,
Devant les peuples éblouis...
Saluez !... Le Drapeau qui passe
Porte au loin le nom du Pays.

Eugénie CASANOVA.

(Extrait des *Mémoires de la Société historique*.)

Les Chants du Métier

Tous les métiers sont grands : c'est le lot de la terre
De travailler sans cesse et pour l'humanité,
Car pour se reposer avec sérénité,
Il faut avoir rempli la tâche salutaire !

Il faut avoir courbé sous l'arche tutélaire
Son front, et l'œil fixé sur toute immensité,
Avoir gravi, sans fin comme l'éternité,
Les gradins du labeur qui montent sans mystère !

Il faut multiplier les fils à l'infini,
En bien serrer les nœuds et l'ouvrage fini,
Porter les yeux au ciel et regarder encore...

Le soleil des labeurs se lève à l'horizon,
Centuple son trésor; et l'immense oraison
La « Chanson des Métiers » vient saluer l'aurore !

Eugénie CASANOVA.

(Extrait des *Mémoires de la Société historique.*)

CATHERINOT (NICOLAS). — Catherinot est né près des Aix en 1628. Avocat au bailliage de Bourges, il devint échevin et mourut en 1688.

Il s'intéressa tout particulièrement à l'histoire du Berry et publia de nombreux opuscules aujourd'hui presque introuvables.

Portrait de Catherinot : Musée, n° 215.

Le Siège de Bourges

... Mercredi 27 mai 1563, veille de la Fête-Dieu, entre trois et quatre heures du matin, le comte de Montgomery, dit autrement le capitaine Lorge accompagné de six vingt cavaliers seulement, se saisit de la ville de Bourges. Ils entrèrent par la porte Saint-Ambroise où les habitants d'Asnières pervertis par Calvin firent un pont de bois. Trois mille hommes en armes de la ville même les recueillirent. D'abord, ils se saisirent de l'Hôtel de Ville, des armes qui y étoient et des clefs des quatre portes de la ville où ils établirent gardes. Ils se saisirent ensuite du cloître Saint-Etienne, les compagnies prirent leur logement chez les gens d'église et chez les catholiques...

Bourges, 13 octobre 16..4. In-4° de 4 pages non achevé.

CHAMP (Etienne-Agar de), né à Bourges en 1613, décédé à La Flèche le 31 juillet 1701. — Prédicateur du Grand Condé et du prince de Conti. Il publia sous un pseudonyme, « Antoine Richard », des ouvrages de théologie sur des sujets d'actualité et sur le Jansénisme : *Les Secrets du Jansénisme*, in-8°, Lyon, 1651.

CHAUMEAU (Jean) (xve siècle). — Il fut avocat et échevin à Bourges. Il s'occupa le premier de l'histoire de notre province. Son œuvre aurait eu une réelle valeur s'il n'eût été parfois trop crédule et n'eût enregistré des fables extravagantes. Il publia peu de temps avant sa mort, en 1566, son *Histoire du Berry*, contenant l'origine, l'antiquité, gestes, prouesses, privilèges et libertés des Berruyers, avec particulière description dudit pays.

Livre VIᵐᵉ. Chapitre IX

I

De la fameuse Université de Bourges...

... Si tu désires, o lecteur, savoir qui rend encores le nom de ceste antique Bourges plus célèbre et digne de gloire per-

pétuelle, tu as en icelle Université tres fameuse et en toute
manière de discipline très ornée, érigée de long temps, ainsi
que j'ai veu et cognou par deux bulles apostoliques lesquelles m'ont été monstrées au thrésor de l'église collégiale
Sainct-Ursin, l'une de Adrian quattriesme et l'aultre de Hono-
rius troisiesme. Par lesquelles étoit mandé aux archevêque
et chancellier de l'église cathédrale de Bourges, ne molester
ou empescher aulcunement les chanoines de ladicte église
Sainct-Ursin au droict et coustume qu'ils avoient de tenir
escoles publicques et faire exercice de literature au bourg
lors appelé de Sainct-Ursin a present encloz en ladicte ville...

II

Le Bourges du XVe siècle

« Bourges, cité par deçà des Itales,
« Est des Gaules l'une des principales.
« Son fonds est mis par nature en défense
« Droit au milieu de l'Empire de France
« Bien équippé et garni de remparts
« D'eau, de fossés et murs de quatre pars...

CHENU (JEAN) (1559-1627), avocat à Bourges, puis au
Parlement de Paris. Jurisconsulte estimé, il se livra à
l'étude de l'histoire locale. On lui doit le *Recueil des
Antiquités et privilèges de la ville de Bourges*. Il fut
inhumé dans l'église de Notre-Dame de la Fourchauld,
sanctuaire aujourd'hui disparu et qui se trouvait près
de l'impasse actuelle du Fourchaud.

Portrait : Musée, n° 194.

Recueil des Antiquitez et Privilèges de la ville de Bourges, etc. (1621)

EXTRAITS

I

Louis XI

Le roy Louis XI nostre principal bienfaicteur estoit fils de
Charles VII, nay à Bourges le 16 juillet 1423 baptisé en

l'église cathédralle; à quatorze ans espousa la princesse d'Ecosse, et en secondes nopces Charlote de Savoye, de laquelle il eust trois enfans masles, deux decedez en bas aage, et le tiers fust Roy après luy Charles VIII, du nom Anne et Iehanne. Il meit les Roys hors de page, se vengea de ses ennemis, et vint à bout de toutes les ligues et monopoles dressées contre luy par les partisans de Bourgongne. Prince caut et advisé, il a régné 22 ans depuis l'an 1461 jusques au penultiesme d'aout 1483, qu'il trespassa au chasteau de Montels les Tours; la vie et mœurs duquel Philippe de Commines sieur d'Argenton qui estoit de son conseil a descripte; et en l'an 1610 Mathieu historien de nostre temps par le commandement du Roy Henry le Grand. *(Page 34.)*

II

Iacques Cujas (1)

Iacques Cujas Tholosain, la lumière de tous les professeurs et interprètes du droict a esté marié à Valence et à Bourges en secondes nopces, est décédé le troisiesme octobre 1590, aagé de 69 ans. Quelques mutins lui advancèrent ses jours pendant les troubles civils. Il est inhumé en l'Eglise de Sainct Pierre le Guillard sa paroisse, a délaissé une seule fille de Hervé, sa seconde femme. Au frontispice de ses œuvres imprimées à la dernière édition à Paris en l'an 1616, en six volumes *in-folio*, sont insérées plusieurs épitaphes et honneurs qui luy furent faits après sa mort, que chacun peut voir. Ceux qui ont entrepris ceste edition, ont obmis celles que maistre Anthoine Bengy docteur et professeur après luy composa... *(Page 69.)*

III

Les Frères Lalements

... Quelques années après les Lalements frères eurent entre les marchans de France un grand nom et crédit, trafiquans ès pays estranges, et finalement devinrent financiers, seigneurs du Perreau, de Marmeigne et Vouzay ayans esté eux et leurs descendans plus de cent ans consecutifs receveurs pour le Roy en Normandie et Languedoc, lorsqu'il n'y avoit que quatre réceptes générales en France. Du nom de Lalement reste une fille veuve de feu M. Violle sieur d'Andrezay premier Président aux Requestes du Palais de Paris.

(Page 84.)

(1) Voir sa biographie page 37.

CHENU (Etienne), né et mort à Bourges (1459-1537).
« Il occupa d'abord une chaire à la Faculté de Tou-
« louse où il fit imprimer en 1517 un livre intitulé :
« *Regimen Castitatis Conservativum*. De retour à
« Bourges, il professa à l'Université et composa un
« traité : *De peste*, imprimé en 1526. Catherinot men-
« tionne également de lui un « *Arbor Judaïca* » en
« 1527. — Il mourut le 11 mai 1537 et fut enterré dans
« l'église des Carmes, en la chapelle de saint Nicolas ».

(Dr Leprince. — *La Faculté de Médecine de Bourges*.)

CONTANCIN (Cyrique) (1670-1733). — Membre de la
Compagnie de Jésus, il se voua aux missions et pendant plus de 30 ans il exerça cet apostolat en Chine. Il
reçut le titre de Supérieur général des Missions et
mourut au cours d'une traversée de France en Orient.

CUJAS (Jacques), jurisconsulte, né à Toulouse en
1522, mort à Bourges en 1590. — Après avoir appris le
droit avec le professeur toulousain Arnaud Ferrier, il
ouvrit dans cette ville un cours « *d'Institutes* » (1547).
Ne pouvant, à la suite d'intrigues, occuper la chaire
de l'Université, il abandonna sa ville natale et enseigna
d'abord à Cahors, puis à Bourges où il revint après un
voyage en Italie. Il demeura enfin définitivement à
Bourges où il se maria, à l'exception toutefois d'un très
court séjour à Paris (1576) où il avait reçu l'autorisation
d'enseigner.
Cujas a laissé des commentaires très originaux sur
le droit romain ; le style en est clair, élégant et concis.
Le nom de Cujas est d'ailleurs étroitement lié à
l'Histoire de l'Université de Bourges sur laquelle il a
jeté un lustre éclatant.

DESCHAMPS (Emile), né à Bourges (1797), mort à
Versailles (1871).
Il suivit la carrière administrative en y joignant la
poésie. — En 1818, il donna en collaboration avec
H. de Latouche (un berrichon lui aussi), deux comédies

à l'Odéon. Emile Deschamps et son frère Antony furent parmi les adeptes les plus enthousiastes de l'Ecole romantique. En 1824, il fonda avec V. Hugo la *Muse française* qui mène le combat romantique et où il fournit des articles signés "*Un jeune moraliste*", en même temps que des poésies et des nouvelles. (LAROUSSE. — *Dictionnaire illustré.*) — Il publia des poésies, des traductions, des adaptations, des imitations. Il se présenta sans succès à l'Académie. — Le nom de cet homme de talent évoque l'époque héroïque du Romantisme.

Voir au Musée : un médaillon.

Opinion de Théophile Gautier

« C'était le patriarche de l'Ecole (romantique), patri-
« arche aimable, souriant, homme du monde et de
« politesse exquise, et quoiqu'il eut traduit *La Fiancée*,
« de Gœthe, *La Cloche*, de Schiller, imité *Macbeth* et
« *Roméo et Juliette*, et transporté dans notre langue,
« avec toute sa couleur, *La Légende de Rodrigue*, fut
« français en somme et spirituel comme un causeur du
« XVIIIᵉ siècle. »

Théophile GAUTIER.

(*Journal Officiel*, 25 avril 1871.)

I

Un souvenir à Bourges

Bourges, où j'ai connu le sourire et le jour,
De mes tout premiers ans, ô maternel séjour,
Je fus loin de ton sein jeté par une trombe,
Enfant déraciné comme un frêle roseau.
Mais n'importe où le sort doit élever ma tombe
Ma dernière pensée ira vers mon berceau.

II

Pluie et Pleurs

Les eaux du ciel tombent et roulent...
Non ; ce sont tes larmes qui coulent,
Parce que je suis loin de toi !

Les vents murmurent et gémissent...
Non; ce sont tes soupirs qui glissent
Dans les ténèbres, jusqu'à moi !

La lune tend son front d'opale...
Non; c'est ton beau visage pâle
Qui cherche encore autour de toi !

Un long nuage épand ses ombres...
Non; c'est ton grand voile aux plis sombres,
Que tu baisses, rêvant à moi !

Ne reste-t-il pas une étoile ?...
Non; c'est ton œil qui, sous le voile
Brille, pour me parler de toi !

Tout à coup, gronde le tonnerre...
Non; c'est la fureur ordinaire
Du jaloux, armé contre moi !

Mais là-bas, l'aurore s'éveille...
Non; c'est toi ma blanche et vermeille,
C'est toi qui reviens, c'est toi !!!

(LEMERRE, 2me vol., 1872, p. 171.)

III

Le Roi de Thulé

Ballade

(Poésie allemande : Gœthe)

Il fut à Thulé, dit l'histoire,
Un roi tendre et fidèle encor,
Sa maîtresse, en mourant, pour boire
Lui fit don d'une coupe d'or.

Rien n'avait pour lui tant de charmes,
A son couvert, à son chevet,
Ses yeux se remplissaient de larmes
Toutes les fois qu'il y buvait.

Et quand l'écuyer sombre en croupe
Vint le prendre, à son héritier
Il laissa son royaume entier
Mais non, certes, sa belle coupe.

Il siégeait au royal gala
Sous la grande salle gothique,
Dans son château sur la Baltique,
Tous ses chevaliers étaient là.

Mort dans son cœur, le vieux convive
Réchauffa sa force en buvant;
Et sur la mer loin de la rive,
Jeta sa chère coupe au vent.

Il la vit tomber, s'emplir toute
Et disparaître en moins de rien;
Puis fermant les yeux dit : « C'est bien ! »
Et plus onc ne but une goutte.

(LEMERRE. — Vol. I, page 122.)

DUCHAPT (THÉOPHILE), né à Bourges le 4 juillet 1802, avocat, conseiller de Préfecture, juge au Tribunal de Bourges, conseiller à la Cour, mort en 1858, composa quelques poésies, dont certaines, en patois berrichon, sont très curieuses :

La Marivole

A m' dit : « J'ai scientu (1) qu' ça m' bouge
Et qu' ça m' gravoill' (2) sus l' cacouet (3). »
J'arr'garde et j' voyis qu' çà l'tait
Un p'tit bestiau (4) noir et rouge.

J'aurais dû, mais jarnigol
Quand on n' sait pas, qu'oun est bête !
Pas si ben voir la p'tit' bête
Et mieux voir son p'tit bigeoi (5).

Ça l'tait comm' eun' gent' coquille
Gariolée (6), et les pinsons
En reuillant (7) çà c' que j'fasions
S' fougalions (8) dans la charmille.

(1) Senti.	(5) Bouche.
(2) Chatouille.	(6) Bigarrée.
(3) Cou.	(7) Regardant attentivement.
(4) Bête.	(8) Se poursuivaient.

Ses lèvr's si fraîch' étiont là
Mais, que l' grand diach (1) m'estringole ! (2)
J' pernis (3) moi la marivole (4)
Qui me disit (5), sus c' coup d' temps-là :

« Acout', tu ne le sais pas p'tête
Mon nom ? C'est bête à bon Dieu ;
Mais toi, vois-tu, nom de guieu !
Je n' sais pas d' qui qu' t'es la bête. »

(Société du Berry, tome X, p. 277.)

FLOUX (JEAN), né à Bourges, le 27 janvier 1855, mort à Paris le 7 juin 1892, a publié un volume de poésies intitulé *Les Maîtresses.* Ce volume contient des illustrations de Béraud, de Benjamin Constant, de Giacomelli, de Luc Olivier-Merson, etc.

I

Berrichonnerie *(Page 39)*

. . . .

Hier, je vous vis aussi rayonnante qu'un rêve
Vous achetiez des fleurs, — de claires fleurs d'été ! —
Et des pommes (parbleu ! la femme est fille d'Ève),
Or, Bourges, ce jour-là, me parut enchanté.

Je vous suivais de loin, et la petite rue
D'un soleil éclatant aussitôt resplendit,
Et quand sous le portail vous fûtes disparue,
Je m'arrêtai béant, radieux, interdit.

Ainsi le hasard fait parfois de douces choses !
La veille, j'étais triste, et me voici joyeux,
Parce que, grâce aux jours de vos persiennes closes,
Mes yeux jaloux ont bu les rayons de vos yeux.

. . . .

(1) Diable.
(2) M'étouffe.
(3) J'entendis.
(4) Coccinelle.
(5) Disait.

II

Passeport *(Page 13)*

. . . .
Voyez-la passer : ses regards s'irisent
De tons indécis et vagues changeants.
Très longs sont les cils soyeux, qui tamisent
Les rayons de ses yeux décourageants.

Le pied est petit, l'attache si fine
Qu'on croirait briser ce mignon objet,
En serrant trop fort l'étroite bottine ;
La jambe est très droite et rond le mollet.

La hanche s'évase, ainsi qu'une amphore
Dont les flancs seraient gonflés de vieux vin,
Hanche très mobile, à qui la pléthore
De la passion donne un tic félin.

La ligne des seins glisse magistrale
Et meurt au-dessous d'un col un peu fort ;
Le menton est rond, le visage ovale
Comme il est écrit sur son passeport.

III

Cou-Cou ! *(Page 19)*

Coucou ! Dans le lit des nuages
Le soleil se couche indolent,
Son regard, pourpre, étincelant,
Nuance le vert des feuillages.
Entends-tu, parmi les ramages,
Ce cri perçant ainsi qu'un clou ?
    Cou-cou !
    Cou-cou !

Plus rien ! le silence ! Mignonne,
Si nous nous arrêtions un peu,
Sous ce dôme de velours bleu,
Orné de rameaux en couronne !...
Mais quelle est la voix qui fredonne,
Quand ma lèvre effleure ton cou ?
    Cou-cou !
    Cou-cou !

Serait-ce l'autre qu'on appelle ?
Serait-ce lui ? car tu pâlis,
Et les remords, ensevelis,
Ressuscitent dans ta prunelle.
L'autre ! Il est à Paris, ma belle,
Au diable ! loin ! je ne sais où !
Cou-cou !
Cou-cou !

Librairie de Brunhoff, Paris, 1886.

GASSOT DE DEFFEND (JACQUES), né à Bourges en 1525, mort en 1585. — Il fit d'abord en 1546 un pèlerinage en Terre-Sainte. Sur les instructions de Henri II, il fut envoyé en Asie pour examiner sur place les ressources et la force de l'empire du Sultan, mais aussi pour étudier les questions se rattachant à la politique orientale.

Il revint en France en 1550, puis reçut le titre de commissaire extraordinaire des guerres. Il a laissé de son voyage une relation intéressante. Il mourut maire de Bourges.

Voir au Musée, no 186, le portrait de Gassot, donné par le vicomte de Fussy.

GEOFFROY-TORY, typographe, graveur et littérateur, né à Bourges vers 1480, mort à Paris (1533). Fit ses études à Bourges, professa la philosophie dans plusieurs collèges et devint enfin correcteur chez Henri Estienne. — Il devint imprimeur du roi et s'attacha à réformer l'art typographique. — Il annota des éditions, traduisit des auteurs anciens et en 1529 écrivit le « *Champ fleury,* auquel est contenu l'art et la science de la deue et vraye proportion des lettres attiques qu'on dit autrement lettres antiques, et vulgairement lettres romaines, proportionnées selon le corps et visage humain ».

. . . .

... Les bonnes lettres Hébraïques et Grecques furent abolyes par Iules César car luy et les Rommains estoient si gormans et grans ambrasseurs de gloire, qu'ilz ne vouloient seullement vaincre les Royaulmes et Nations, mais en destruysant Loix, Costumes, Usages et toutes aultres bones choses et en demolissant Epitaphes et Sepulchres. Ilz vouloient que leurs victoires et arrogances fussent mises en mémoire par leurs lettres latines, cuydant exceder la langue Grecque, la quelle chose ils nont peu faire en tant que la dicte langue Grecque est de lettres myeulx ordonnées, en sorte qu'elle est sans comparaison plus fertile, abundante et florissante que la leur Latine.....

(Le premier livre, feuille v, verso.)

GORIS (JEAN DE), médecin, né à Bourges au commencement du XVIᵉ siècle, mort à Paris en 1577, au moment où il avait la réputation d'un praticien consommé. Son petit-fils, médecin de Louis XIII, fit imprimer à Paris les notes que son grand-père avait recueillies et qu'il était sur le point de faire paraître au moment où la mort le surprit.

GIBIEUF (GUILLAUME), né à Bourges en 1621, mort en 1650. Il fut docteur en Sorbonne et fonda, avec Pierre de Berulle, la Congrégation des Oratoriens.
Portrait de Gibieuf: Musée, nᵒ 223.

JACQUES CUEUR ou **CŒUR**, né à Bourges vers 1395, mort à Chio en 1456. — Il ne fit aucune étude, mais son intelligence lui en tint lieu. Il épousa la fille du prévôt de Bourges, Macée de Léodepart, dont le grand-père était maître des monnaies; il s'occupa aussi de la fabrication et fut impliqué dans une affaire assez embrouillée. Il voyagea dans le Levant et y déploya un véritable génie, faisant connaître la France et ses productions. En 1440, nous le trouvons argentier du Roi, puis l'année suivante il est anobli. — Il est envoyé comme commissaire royal en Languedoc, en Auvergne et à Toulouse pour y installer le Parlement. Il acquit une immense fortune, et si Charles VII le traitait à l'égal des princes, cet homme de valeur le méritait bien, ne fut-ce que pour le dévouement qu'il apportait à sauvegarder les intérêts de la Patrie. Cependant sa situation, les prêts d'argent qu'il avait consentis à la noblesse lui suscitèrent des envieux ; sous le prétexte d'empoisonnement d'Agnès Sorel, il fut arrêté, emprisonné, traîné de geôles en geôles et enfin condamné à l'amende et à la confiscation de ses biens. Il s'échappa des prisons de Poitiers et se réfugia à la Cour de Rome où le pape Calixte III lui confia le commandement d'une flotte contre les Turcs. Il mourait à Chio.

Louis XI, lui aussi un enfant de Bourges, fit reviser son procès et rendit à ses enfants une partie des confiscations ordonnées. Cet acte honore grandement le monarque qui l'accomplit.

Voir au Musée, sous les n⁰ˢ 178, 179, 180 : Portraits de Jacques Cœur et de Macée de Léodepart, sa femme.

LABBE (Philippe), né à Bourges en 1607, mort à Paris en 1670. — Professeur de Théologie morale à Bourges, puis à Paris. Il se livra avec passion aux recherches historiques, il fut sans contredit l'un des écrivains les plus laborieux du xviie siècle.

Nous possédons de lui :

Géographie royale avec le tableau des villes et des provinces du royaume de France (1646) ;

Eloge historique des Rois de France (1651) ;

Histoire du Berry abrégée dans l'Eloge panégyrique de la Ville de Bourges ('647) ;

Vie de Gallien tirée de ses ouvrages (1660) ;

Bibliothèque Chronologique des Saints-Pères (1659) ;

Collection générale des Saints Conciles (inachevé).

Dans le *Dictionnaire Larousse Illustré*, il est rapporté que le P. Labbe a également tracé le plan d'une vaste « concordance des chronologies sacrées et profanes et « d'une bibliothèque de tous les manuscrits ».

Voir au Musée son portrait sous le n⁰ 225.

Histoire du Berry abrégée dans l'Eloge panégyrique de la Ville de Bourges. (1647)

Les Anciennes Enceintes de Bourges

« L'assiette de l'ancienne Cité est un peu pénétrante sur « le costé, qui regarde les marais (1) dont elle étoit envi-

(1) **Vers la rue Charlet.**

« ronnée quasi de toutes parts et a encore aujourd huy ses
« murs presque tous entiers, faits de si bonne matière, et
« forte composition, qu'il est presque impossible de les
« démolir. Il s'estendent depuis la Grosse Tour (que le
« vulgaire ignorant croit avoir esté sur pied dès le temps de
« Jules César) passant au travers de la grande Eglise de Saint-
« Etienne, et le long des Escholes de Droict, de la grande rüe
« Bourbonnou, descendant à la Porte Gordaine, et de là
« iusques à la Porte neufve (1), que l'on appeloit jadis la
« Porte de S-Andrieu, d'où commença le second demy
« cercle de ces anciennes murailles tout le long de la rüe
« des Arènes, jusques à la Porte Tournoise (2), et de la
« costoïant la rue des Sucs (3) jusques à la petite porte
« Saint-Paul (4) vont finir et fermer leur cercle au pied de la
« Grosse Tour. Les marques en sont visibles à tous les
« passans, soit à la porte du Cloistre qui mène à Saint-Ursin,
« qui étoit autrefois hors de l'enceinte de la ville, soit à la
« petite rüe des Prisons, qui conduit à Saint-Jean des
« Champs, soit aux rües basses de la Maison de Ville, et de
« Saint Pierre le Guyard, et se font encore mieux connoistre
« dans les maisons des particuliers basties sur ces murs,
« que toutes sont de beaucoup relevées par dessus le reste
« des maisons de la nouvelle ville..... (page 53. Edition 1647).

LA CHAPELLE (JEAN DE), académicien. — Né à
Bourges en 1655, mort à Paris 1723. En qualité de
Secrétaire du Prince de Conti, il négocia en 1697 avec
le gouvernement de Neuchatel. Il eut l'insigne honneur
de compter au nombre des quarante en 1688, et occupa
le fauteuil de Furetière. — Il composa des tragédies
Zaïde, Cléopâtre...; une comédie, *Les Carrosses d'Orléans ;* des romans, *Les Amours de Catulle et de Tibulle.*
L'ouvrage le plus connu est : *Lettre d'un Suisse à un
Français,* ou l'on voit les véritables intérêts des princes
et des nations de l'Europe (1703-1711). Ajoutons, pour
être complet, qu'à la suite d'intrigues politiques (1719)
il fut pendant quelques temps exilé dans sa ville
natale.

Portrait de Jean de La Chapelle : Musée, no 226.

(1) Rue du Commerce actuelle.
(2) A la jonction de la rue d'Auron et de la rue Fernault.
(3) Rue Fernault actuelle.
(4) A l'entrée du boulevard Lamarck.

LESCUYER (Jean), fut un des plus célèbres peintres verriers du xvie siècle; né à Bourges vers la fin du xve, il mourut en 1556. — Il suivit les traditions d'une artiste remarquable, berruyère elle aussi, Fauconnier (Laurence). — « C'est à Rome que Lescuyer apprit « cette pureté de la ligne, cette excellence des coloris, « et cette façon fine, large et brillante de draper ses « figures.

« Contemporain de Michel Ange et de Raphaël, guidé « par ce sentiment du Beau que lui avait prodigué la « nature, ce fut un des plus célèbres peintres verriers « de la Renaissance ». [*A travers Bourges et le Berry*, Éd. JONGLEUX, impr. Sire, page 79.]

Le Musée possède trois fragments de vitraux du peintre verrier Lescuyer, ainsi que l'église Saint-Bonnet.

LACOMBE (Louis), compositeur, né à Bourges en 1818, mort à Saint-Vaast-la-Hougue en 1884.

Il fit d'abord paraître un recueil de piano : *Les Harmonies de la Nature*, un quintette et deux trios avec piano, puis bientôt des œuvres considérables : *Manfred*, *Arva* ou *les Hongrois*, épopée lyrique, et une ouverture intitulée *Minuit*. [LAROUSSE, *Dictionnaire illustré*.]

Il produisit en outre des romances, des chœurs, des sonates, des nocturnes. — Quelques œuvres ont été données après sa mort sur des scènes de l'étranger. *Winkelried* (Genève 1892), *Le Tonnelier de Nuremberg* (Allemagne). — Il écrivit aussi un recueil poétique, *Dernier Amour*, et un volume, *Philosophie et Musique*.

Sa musique est fort goûtée Outre-Rhin; l'harmonie qui s'en dégage allie la grâce française à la facture allemande et sans alourdir la première lui donne un caractère très particulier qui surprend d'abord, mais qui charme l'oreille et séduit l'auditeur.

MARIVETZ (Etienne-Claude, Baron de), né à Bourges en 1721. Fut écuyer du roi Louis XVI. Il fut décapité à Paris le 25 février 1794.

MERCIER (Jean), né à Bourges en 1545. — Il suivit les cours de Cujas, professa à l'Université de Bourges pendant près de 30 ans et laissa de nombreux ouvrages de jurisprudence ; ses *Emblemata*, recueil de sentences morales, ainsi appelé en raison des figures intercalées dans le texte, peuvent être comparés à ceux d'Alciat et ne leur sont pas inférieurs. Il mourut en 1600, le 27e jour de septembre. Ligueur convaincu, il fut élu maire en 1589 et 1590, et pendant cette époque critique des guerres de religion, il montra qu'il était avant tout un homme de devoir et un grand cœur.

MICHEL (dit *Michel de Bourges*), né à Pourrières (Var) en 1797, mort à Montpellier en 1853. — Après avoir étudié le droit à Paris, il vint se faire inscrire au barreau de Bourges et se mêla immédiatement aux affaires politiques ; il devint un des chefs de l'opposition républicaine. En 1830, il plaida quelques procès fameux ; il siégea à l'assemblée législative en 1837, en 1839, en 1849. — Il ne fut pas inquiété lors du 2 décembre 1851, malgré son discours du 17 novembre précédent où il repoussait toute idée d'un coup d'Etat. Il mourut obscurement à Montpellier.

MOTIN (Pierre), poète, né à Bourges en 1566, mort à Paris en 1610. Il suivit les cours de l'Université de Bourges au moment où y professait Cujas. Il se rendit ensuite à Paris et devint un des amis du poète Regnier.

Boileau émet sur lui un jugement qui paraît empreint de partialité en disant que « Motin se morfond et nous glace » — le jugement de Regnier est certes plus juste — Motin, dit-il, « n'était pas de ces poètes sauvages « qui offusquent la nature et l'art de la véritable poésie « par leurs expressions ampoulées ».

Les œuvres de Motin ont été publiées en 1883 avec une notice de M. Paul d'Estrée (*Cabinet du Bibliophile*, n° XXI). C'est d'ailleurs de cet ouvrage que sont extraits les deux sonnets ci-dessous qui font allusion à des dénominations topographiques et c'est la raison qui a prévalu dans leur choix.

I

Je venois de laisser ma Jehanne qui despouille
D'attraicts et de flambeaux et Vénus et l'Amour
Quand passant au millieu d'un large carrefour
Une nuyt qu'il pleuvoit, je trouvay la patrouille.

L'on me dit : « Qui va là ? » on m'arreste, on me fouille,
Puis l'on me va disant : « Tu brasses quelque tour,
Ou bien contre la Ville, ou bien contre la Tour (1),
Tu n'as pas grand soucy que ton manteau se mouille. »

Je respondis : Messieurs, je suis un escollier.
— Ah mordiou ! ce dit-un, menons le prisonnier,
Comment ! Comment ! la nuit, aller battre l'estrade !

A ces motz je m'escarte et gagne une maison.
Eussé-je résisté ! Nenny, car d'une œillade
Jehanne seulette me mit bien en prison !

II

Je m'en vais à Charlet (2), auprès du quay au Dames (3)
Et me promeneray par les prez d'alentour
Puis je m'iray coucher sous les arbres d'autour,
Que le soleil ne peut pénétrer de ses flames !

Beau soleil reluysant, qui tout le monde enflames,
Je pourray t'esviter dans cet ombreux séjour ;
Mais je ne pourray pas esviter cet amour,
Invisible soleil qui consume nos âmes !

Amour, ce petit Dieu qui surmonte les Dieux
Le traistre, le meschant, il me suit en tous lieux !
Si je veux composer soubs ces ombres secrettes

Et chanter le brandon du soleil qui m'espoint (4),
Mes tablettes je prends : le meschant n'en a point
Mes esprits et mon cœur luy servent de tablettes.

(1) *La Grosse Tour.* — Sise à l'entrée de la rue Moyenne actuelle.

(2) *Charlet.* — Agglomération extra-muros au-delà de la Porte de Charlet, à l'entrée de la rue Charlet actuelle.

(3) Aujourd'hui le *Gué-aux-Dames*, en face duquel aboutit la rue de Tivoli.

(4) M'excite.

ORLÉANS (Le P. D') ou *Dorléans* (PIERRE-JOSEPH), jésuite et historien, né à Bourges en 1644, mort à Paris en 1698. — Professeur distingué et prédicateur éloquent, il a composé plusieurs ouvrages d'histoire, remarquables par leur précision et leur exactitude. Voici les titres des plus importants : *Histoire des Révolutions d'Angleterre* (1693); *Histoire des Révolutions d'Espagne*, continuée par les P. P. Rouillé et Brumoy (1734). [*Dictionnaire Larousse illustré.*]

RAGEAU (FRANÇOIS), né à Bourges au commencement du XVIᵉ siècle, fut d'abord lieutenant général du bailliage de Berry, au siège de Mehun-sur-Yèvre. Une tendre amitié l'unissait à Cujas, son maître, et ce fut ce dernier qui lui fit donner une chaire à l'Université de Bourges; il remplaça Nicolas Bougnier et devint un illustre professeur. Il a publié un *Commentaire sur les Coutumes du Berry; Un Indice des Droits royaux et seigneuriaux et des plus notables dictions, termes et phrases de l'Etat, de la justice et pratique de France* (1583). Ce savant commentateur de la coutume du Berry mourut le 5 septembre 1605.

Le portrait de Rageau est au Musée (catalogue nᵒ 195).

RANCHOT, né à Bourges en 1861. — Il fit toutes ses études au Lycée et entra au Ministère des Colonies. Chancelier de résidence au Tonkin, en 1883, il se distinguait en 1884 à l'affaire de Hué. En 1886, il accompagnait M. Le Myre de Villers et se rendait à Tananarive comme chancelier de la Résidence de France. Il prit une part active et intelligente dans l'organisation du Protectorat. En 1892, il est nommé consul à Tamatave et, en 1893, est appelé aux fonctions de Résident général adjoint. Au mois d'août 1894, il secondait M. Le Myre de Villers chargé de porter un ultimatum à la reine de Madagascar. L'ultimatum est repoussé, M. Le Myre de Villers repart, laissant à Ranchot la garde de nos nationaux et le commandement d'une colonne de 80 hommes. En 26 jours, il parcourt 550 kilomètres avec sa colonne alourdie d'un nombreux équipage et de femmes et d'enfants des établissements Suberbie; il peut enfin faire évacuer sur Tamatave et Majunga tous nos nationaux sains et saufs et, pour ce succès inespéré, reçoit la croix et les éloges publics du gouvernement. Il revient alors en France, la santé ruinée, mais reste néanmoins à la disposition du Ministère. Il part avec le général Duchesne comme délégué du Ministre des Affaires Etrangères. A ce poste de haute confiance, les services rendus par notre compatriote furent tels qu'ils justifièrent une dérogation aux règles de l'ordre de la Légion d'Honneur. Chevalier du 27 décembre 1894, Ranchot est promu officier le 5 février 1896.

Après l'expédition, il organisa l'administration malgache sur les bases du traité de protectorat du 1er octobre 1895. L'annexion de l'île ayant été résolue, Ranchot revint en France et put enfin songer à se soigner.

L'inaction lui pesait; il demanda à reprendre du service et fut nommé ministre résident à Bangkok. 26 jours après son arrivée dans le pays, il succombait aux suites des fièvres qu'il avait contractées à Madagascar.

Le 17 décembre 1897, le ministre des Affaires Etrangères fit de Ranchot un éloge remarquable à la tribune de la Chambre, signalant son abnégation, sa ténacité, son dévouement et son patriotisme.

Bourges donna le nom de cet enfant du Berry à une de ses rues.

A peine cette décision était-elle connue du Département des Affaires Etrangères que M. G. Hanoteaux, alors ministre, remerciait l'administration municipale de Bourges de cet hommage rendu « à un des fonction-« naires qui ont le plus honoré par leurs services le « Département des Affaires Etrangères ».

GEORGE SAND. — Une des places de la ville porte ce nom. Bien que cette femme de lettres ne se rattache à Bourges que par son séjour parmi nous, nous ne pouvons résister au plaisir de citer un passage d'une de ses œuvres: *La Mare au Diable*, où la poésie déborde et peint néanmoins avec un réalisme profond la vie champêtre de notre vieux Berry.

Dans ses *Souvenirs et Impressions littéraires* (collection Hetzell), George Sand, sous le titre « Quelques mots sur chacun de mes Romans », analyse ses œuvres berrichonnes : *Le Meunier d'Angibault, La Mare au Diable, François le Champi, La Petite Fadette*. C'est un vrai régal que de lire ces jugements personnels. Que nos lecteurs s'y reportent, ils auront de véritables jouissances et goûteront peut-être autrement *ces Buco-liques de la France*.

Les Laboureurs

... A l'extrémité de la pleine labourable, un jeune homme de bonne mine conduisait un attelage magnifique ; quatre paires de jeunes animaux : robe sombre, mêlée de noir fauve, à reflets de feu, avec ces têtes courtes et frisées qui sentent encore le taureau sauvage, ces gros yeux farouches, ces mouvements brusques, ce travail nerveux et saccadé, qui s'irrite encore du joug et de l'aiguillon et n'obéit qu'en frémissant de colère à la domination nouvellement imposée. C'est ce qu'on appelle des bœufs *fraîchement liés*. L'homme qui les gouvernait avait à défricher un coin naguère aban-donné au pâturage et rempli de souches séculaires, travail d'athlète auquel suffisaient à peine son énergie, sa jeunesse et ses huit animaux quasi indomptés.

... Lorsqu'une racine arrêtait le soc, le laboureur criait d'une voix puissante, appelant chaque bête par son nom, mais plutôt pour calmer que pour exciter ; car les bœufs, irrités par cette brusque résistance, bondissaient, creusaient la terre de leurs larges pieds fourchus, et se seraient jetés de côté, emportant l'areau à travers champs, si, de la voix et de l'aiguillon, le jeune homme n'eut maintenu les quatre premiers.....

... Tout cela était beau de force et de grâce ; le paysage, l'homme, l'enfant, les taureaux sous le joug, et malgré cette lutte puissante, où la terre était vaincue, il y avait un sen-timent profond de douceur et de calme qui planait sur toutes choses.

(*La Mare au Diable*. — CALMANN-LÉVY.)

SIGAUD DE LAFOND (1730-1810. — Son père exerçait le métier d'horloger et le destinait à cette profession.

Il fit ses études à Bourges et échappant à l'influence des Jésuites, il suivit d'abord les cours de l'Université, puis se rendit à Paris pour exercer la médecine. Distingué par l'abbé Nollet qui professait la physique expérimentale à l'Université de Paris, il lui succéda en 1760.

Il fit paraître des ouvrages sur la Physique et s'intéressa surtout aux questions d'électricité dans leurs rapports avec la médecine.

Il correspondait avec les Académies de Munich, de Valladolid, de Saint-Pétersbourg et reçut même de la Grande Catherine une médaille d'or.

En 1782, il revint se fixer à Bourges et le gouvernement fit appel à son érudition en 1795 en lui confiant la chaire de Physique et de Chimie à l'Ecole Centrale de Bourges. Le Lycée étant créé le 1er mars 1802, Sigaud de Lafond était nommé proviseur. Il mourut en fonctions le 26 Janvier 1810.

Voir au Musée son portrait sous le no 275.

SOUCIET (Etienne), né à Bourges en 1672, mort à Paris en 1744. Il fit ses études au Collège des Jésuites de Bourges, entre dans cet ordre en 1690, professe à Alençon, à Bourges, à Paris et mourut comme bibliothécaire du Collège Louis le Grand.

Portrait de Souciet : Musée, no 227.

LA THAUMASSIÈRE (Gaspard-Thomas de), Jurisconsulte, né à Bourges vers le milieu du xviie siècle, mort dans cette ville en 1712. — On lui doit, entre autres ouvrages : *Assises de Jérusalem* (1690) ; *Les Anciennes et Nouvelles coutumes locales du Berry* ; *L'Histoire du Berry*. Il compta au nombre des six docteurs agrégés que l'on ajouta aux quatre professeurs de l'Université de Bourges par un édit du mois d'avril 1679.

Le buste de La Thaumassière ainsi qu'un autographe existent au Musée.

Histoire du Berry

EXTRAITS

I

Des Armes de Bourges

Quelques uns tiennent que les anciennes armes de Bourges étoient un agneau pascal, avec une croix d'argent en champ d'azur, et qu'elles se voient encore aujourd'hui à la Porte de la chambre haute de la Maison de Ville, proche la Galerie. Mais la vérité est que de tems immémorial, elle porte d'azur à trois moutons passans d'argent, acornez de sable, acollez de gueules clarinez d'or, deux un ; on a depuis peu ajoûté un chef consu de France, et pour supports un Berger et une Bergère avec leurs houlettes et je ne pense pas qu'elle ait jamais eu d'autres armes.

Il est à croire que nos ancêtres les ont prises à cause de la grande quantité de moutons, qui sont les ornemens de nos campagnes, et le principal instrument du trafic de laines, de sarges et draps de cette province et qui en font les plus grandes richesses.

(Réimpression de 1863. T. I, p. 205).

II

De la Belle Agnès (1)

... Il ne sera pas hors de propos de faire mention en ce lieu de la Belle Agnès qui a été un des principaux instrumens de sa perte (de Jacques-Cœur) : car elle employa tout le crédit qu'elle avoit sur l'esprit de Charles VII pour lui donner de mauvaises impressions contre ce Ministre, qui avoit encouru sa disgrâce pour avoir parlé trop librement au Roy de la trop grande familiarité qu'il avoit avec elle, qui le divertissoit de ses plus sérieuses affaires, et l'empêchoit de

(1) Née en 1422, morte au Château d'Anneville (Normandie) en 1450. Le Musée de Bourges possède un masque en marbre blanc du xv⁵ siècle présumé d'Agnès Sorel.

poursuivre le cours de ses victoires, et de chasser les Anglois hors de son Royaume, quoy que ces avis importants eussent été donnés secrettement au Roy pour le bien de ses affaires, il ne peut les céler à sa Maîtresse, laquelle en fut si vivement touchée, qu'elle minutta la ruine de ce fidel Conseiller et Ministre.

Elle s'appelloit Agnès Sourelle ou Sorelle, prit naissance au village de Fromenteau en Touraine, et non en celuy des Ygonières Paroisse d'Orçay prez Vierzon, comme le veut la tradition du païs. Elle est fille de Jean Soreau Écuyer et de Catherine de Maignelais, et non de si basse extraction que l'on a voulu faire croire. La beauté et la grâce dont la nature l'avoit très avantageusement pourvûe, lui donnèrent entrée dans la maison de la Reine de Sicile, et depuis place entre les Filles de la Reine de France. Elle ne parût pas plûtôt à la Cour qu'elle effaça toutes les beautés et attira les yeux et l'admiration de tout le monde. Le Roy sur tous en devint éperdument amoureux, et elle sceut si bien ménager les bonnes grâces de ce Prince, qu'elle avoit tout pouvoir sur son esprit. Il luy entretenoit un train et Equipage magnifique, luy donna un appartement au Château de Loches, et en son Palais de la Ville de Bourges, où il la voyait en secret en la Tour, qui est encore appellée la Tour de la belle Agnès. Il luy donna la jouissance du Château de Beauté prez de Paris, et tant à cause de sa Terre, que de son exquise beauté, elle fut appellée à la Cour Mademoiselle de Beauté, et Monstrelet assure qu'entre les Belles, elle étoit tenûe pour la plus belle du monde.

Le Roy luy fit don... du Château de Boistrousseau, distant de trois à quatre lieues de Bourges, qui a depuis retenu le nom de Boissiramé, à cause que le Roy feignant d'aller à la chasse, s'alloit souvent divertir en ce lieu avec sa belle maitresse. Il se trouve néanmoins un auteur qui assure que le Roy Charles VII, vécut fort honnetement avec elle, et que lors qu'il luy rendoit visite en l'absence de la Reine, ou que la belle Agnès le venoit voir, il y avoit quantité de gens présens, et qui oncques ne la virent toucher par le Roy au dessous du menton.

... Tous les auteurs conviennent qu'elle étoit très charitable et distribuoit volontiers aux pauvres et aux églises, et un auteur du siècle passé remarque une chose assez particulière, qui fait connoître que l'amour que le Roy Charles VII avoit pour cette belle, ne luy fit pas si grand préjudice qu'aucuns ont cru.

Il dit que la belle Agnès voyant que ce Prince entièrement plongé dans les délices, et enyvré de son amour, ne songeoit qu'à se divertir, négligeoit ses affaires et le recouvrement de son Royaume, elle se servit de cet artifice, pour luy exciter son courage. Elle luy dit qu'un astrologue luy avoit autrefois prédit qu'elle seroit aimée d'un des plus courageux et victorieux Roys de l'Europe, et que fondée sur cette Prophétie, elle avoit crû, lorsque le Roy luy fit l'honneur de l'aimer, qu'il étoit ce Roy magnanime qui luy avoit été prédit, ce qui l'engagea de l'aimer plus volontiers, mais qu'ayant depuis fait réflexion sur les actions de ce Roy et celuy d'Angleterre, voyant l'un enseveli dans la Volupté, négliger ses affaires et souffrir lâchement la perte de son Royaume sans y apporter remède, et les armes de l'autre prospérer de jour en jour, et faire de nouvelles conquêtes sur le premier, elle reconnoissoit que c'étoit le Roy d'Angleterre qui avoit été désigné par la prédiction, et témoigna qu'elle alloit le trouver. Que ce reproche eut tant de force sur l'esprit du Roy, qu'il commença dès lors à penser sérieusement à ses affaires et s'y appliqua si fortement qu'à l'aide de ses bons serviteurs, vaillans capitaines, et par sa bonne conduite, il recouvra son Royaume.

(Réimpression de 1863, t. I, p. 195,
imp. A. Jollet fils.)

TOUBEAU (JEAN), né à Bourges en 1628. — Libraire et imprimeur du roi à Bourges, il est l'auteur des *Institutes consulaires* ou Principes de la *Jurisprudence commerciale*. Il était prévôt des marchands et échevin. Il mourut à Paris en 1685, au cours d'un séjour qu'il y faisait pour défendre les intérêts de la ville. Il avait d'ailleurs rédigé, à cette occasion, divers rapports dont nous donnons un extrait curieux.

Portrait : Musée, n° 197.

Mémoire pour faire connoître l'utilité, la facilité et la nécessité qu'il y a de rétablir le commerce dans la ville de Bourges (1678).

Bourges est une des plus anciennes villes du Royaume, puisqu'elle étoit déjà très grande pendant qu'on labouroit et que l'on moissonoit encore où Rome a été bâtie depuis...

Bourges a été une des villes les plus marchandes du Royaume, puisque nous apprenons de nos historiens, qu'un seul de ses marchands fournit à Charles VII tout l'argent dont il eût besoin pour reconquérir la Normandie et chasser les Anglois hors du Royaume et qu'enfin par l'Edit des Juges et Consuls, il est dit que la plupart des manans et habitans de la ville de Bourges étoient encore pour lors marchans.

Bourges est aussi la plus propre et la plus commode du Royaume pour le commerce, puisqu'aux Etats convoquez et assemblez à Tours en 1484, elle fut non seulement mise pour cela en parallèle avec la ville de Lyon; mais même aprez que toutes choses, y eurent été meurement considérées pendant deux séances entières, et du depuis soigneusement et plusieurs fois examinées dans l'Etroit Conseil du Roy, ainsi que l'on parlait alors, elle fut trouvée la plus avantageuse pour l'établissement du commerce, non seulement par les Etats mais encore par les avis de tous les marchands du Royaume et de plusieurs autres marchands étrangers...

Enrichissant Bourges par le moyen du commerce, c'est thésauriser dans le cœur et au milieu du Royaume, ainsi qu'en conviennent tous les itinéraires et tous les géographes. Enrichissant Bourges et tous les habitans de la province, c'est faire un fond assuré, c'est munir un arsenal et un magasin hors de toute insulte ; c'est confier les richesses du Royaume et en rendre dépositaires ceux qui en ont le mieux usé, et qni sont les plus anciens, les plus fidèles, et les plus inviolables serviteurs et sujets de la monarchie. Les habitans de cette ville en ont donné des marques sous Charles VII qui fut obligé de s'y réfugier, ce qui le fit nommer Roy de Bourges...

... Un des plus grand bien que Sa Majesté peut faire à cette Ville et à la Province, c'est le rétablissement du commerce, le seul qui leur restoit ayant été ruiné depuis que l'on souffre amener quantité de moutons d'Alemagne à Paris, qui parcequ'ils sont grands, quoy qu'insipides, se vendent mieux que ceux du Berry, qui sont petits à la vérité, mais plus succulens, plus délicieux et plus nourrissans.

Le commerce peut être établi à Bourges aussi florissant qu'il y était autrefois...

Bourges, ce 10 Mars 1909.

JEHAN D'ARCHELET.

TABLE DES MATIÈRES

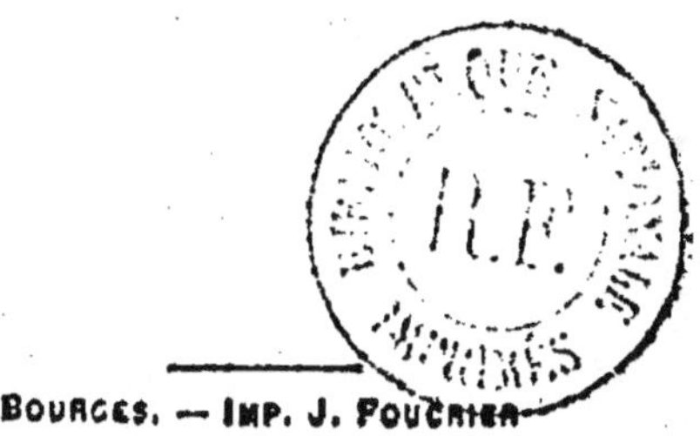

BOURGES. — IMP. J. FOUCRIER

Prix : **0** fr. **75**

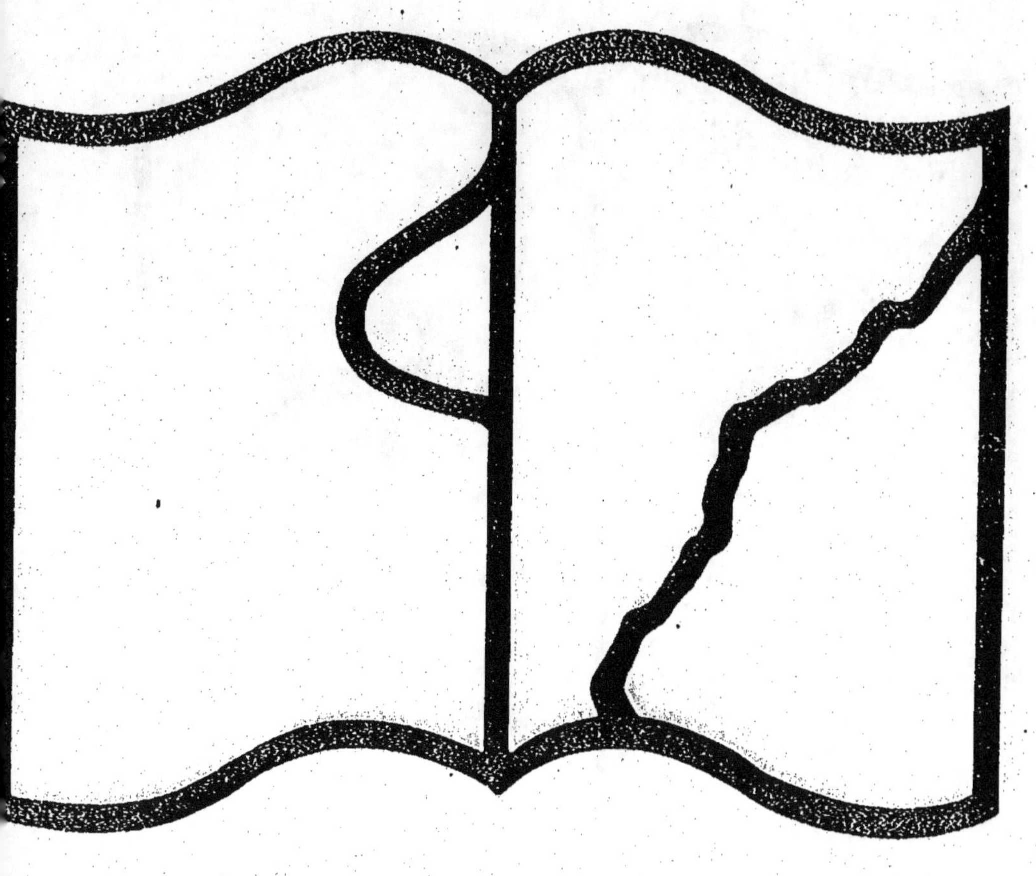

Texte détérioré — reliure défectueuse

NF Z 43-120-11

Contraste insuffisant

NF Z 43-120-14